"十三五"国家重点出版物出版规划项目

公路施工安全教育系列丛书

公路施工安全教程

第三册 桥梁施工安全技术

广东省交通运输厅 组织编写

广东省南粤交通投资建设有限公司
中铁隧道局集团有限公司 主编

人民交通出版社股份有限公司
China Communications Press Co.,Ltd.

内容提要

本书是《公路工程安全教育系列丛书》中的一本，是《公路施工安全视频教程》的配套用书。本书共分十五部分，主要内容包括：桥梁基础知识、人工挖孔灌注桩施工、钻孔灌注桩施工、围堰施工、承台施工、墩台施工、系梁、盖梁施工、梁板预制施工、架桥机拼装及拆卸、预制梁板运输安装、支架现浇法施工、悬臂现浇法施工、移动模架法施工、悬臂拼装法施工、桥面系施工。

本书可供桥梁施工人员使用，也可供相关人员学习参考。

图书在版编目(CIP)数据

桥梁施工安全技术 / 广东省交通运输厅组织编写；广东省南粤交通投资建设有限公司，中铁隧道局集团有限公司主编. — 北京：人民交通出版社股份有限公司，2018.12

ISBN 978-7-114-15104-0

Ⅰ.①桥⋯ Ⅱ.①广⋯ ②广⋯ ③中⋯ Ⅲ.①桥梁施工—安全管理—指南 Ⅳ.①U445.1-62

中国版本图书馆 CIP 数据核字(2018)第 253257 号

Qiaoliang Shigong Anquan Jishu

书　名：	桥梁施工安全技术
著 作 者：	广东省交通运输厅　组织编写
	广东省南粤交通投资建设有限公司　中铁隧道局集团有限公司
责任编辑：	韩亚楠　朱明周
责任校对：	刘　芹
责任印制：	张　凯
出版发行：	人民交通出版社股份有限公司
地　　址：	(100011)北京市朝阳区安定门外外馆斜街3号
网　　址：	http://www.ccpress.com.cn
销售电话：	(010)59757973
总 经 销：	人民交通出版社股份有限公司发行部
经　　销：	各地新华书店
印　　刷：	北京建宏印刷有限公司
开　　本：	787×1092　1/16
印　　张：	10
字　　数：	250千
版　　次：	2018年12月　第1版
印　　次：	2023年8月　第4次印刷
书　　号：	ISBN 978-7-114-15104-0
定　　价：	45.00元

(有印刷、装订质量问题的图书，由本公司负责调换)

《公路施工安全教程 第三册 桥梁施工安全技术》

编审委员会

主 任 委 员： 李　静

副主任委员： 黄成造　于保林　职雨风

委　　　员： 唐　忠　陈明星　付伦香　刘永忠
　　　　　　　尹良龙　韩静玉　张家慧　洪开荣
　　　　　　　陈子建　潘明亮　贺小明　高　翔

编写人员

主　　编： 潘明亮

副 主 编： 陈子建　韩占波　王立军

编　　写： 张　军　李　磊　刘爱新　覃辉鹃
　　　　　　 任伟杰　吕丹峰　吴志中

健全安全教育体系
筑牢安全发展基石

改革开放40年来特别是党的十八大以来,广东交通运输主动服务国家重大战略,全面贯彻省委省政府决策部署,抢抓机遇,深化改革,加快推进现代化综合交通运输体系建设,交通运输发展的先行作用不断凸显。党的十九大开启了建设交通强国的新征程,为深入贯彻落实习近平总书记亲自谋划、亲自部署、亲自推动的粤港澳大湾区发展战略,我们以推进湾区交通基础设施互联互通为重点,开始了新一轮的综合交通规划布局,交通建设迎来了新的战略机遇期。

"求木之长者,必固其根本;欲流之远者,必浚其泉源"。在当前交通运输基础设施发展、服务水平提高和转型发展的黄金时期,既要深刻认识到高质量发展带来的新机遇,同时,也要看到行业发展面临的风险和挑战,尤其是安全发展任重道远。我们要始终牢固坚守"底线思维"和"红线意识",始终把人民群众生命安全放在第一位,发展绝不能以牺牲安全为代价。为切实保障交通建设安全生产,我厅秉持安全发展理念,着眼于"以技术保安全,以管理促安全",凝聚专业力量,合力集中攻关,在系统、全面总结以往安全生产管理经验的基础上,组织编制了《公路施工安全视频教程》及配套用书。《教程》及配套用书分为安全管理、路基路面施工安全技术、桥梁施工安全技术、隧道施工安全技术、工种安全操作五个方面介绍安全生产知识要点,对相关管理人员、专业技术人员和现场作业工人均具有一定学习和参考价值。

  《教程》及配套用书的编制和出版,是贯彻落实中央和省关于安全生产重要决策部署的具体行动,是我们响应和贯彻交通运输部要求,提高交通建设"本质安全"、打造"品质工程"、深化"平安交通"的重要举措,也是我省交通基础设施建设快速发展的迫切需要。希望广大交通建设管理和施工、监理人员宣贯好、推广好,在工作中严监管、真落实、见长效,坚持不懈地抓好交通建设安全生产,为交通强国建设做出新的贡献,不断实现交通延伸人民美好生活的愿景!

广东省交通运输厅
2018年12月

前 言
Foreword

保障人民生命财产安全，实现安全生产，关乎民生福祉、经济社会发展大局。交通建设是安全生产的重要领域，全面遵循习近平总书记关于安全生产的一系列重要指示批示精神，牢固树立"红线意识"、"底线思维"，深入践行以人民为中心的发展思想，坚持奉行"生命至上、安全第一"的建设理念，是实现交通建设目标的前提和基石。

为夯实行业安全生产基础，切实提高从业人员的安全意识和安全技能；着力解决当前公路施工安全生产教育培训缺乏系统性和针对性强的培训教材等问题；广东省交通运输厅主动作为，创新实践，在系统总结、全面梳理以往行业安全生产管理经验的基础上，组织专业力量编制了《公路施工安全视频教程》（以下简称"视频教程"）及配套用书。

"视频教程"已由人民交通出版社先行出版发行，分为安全管理、专业安全技术、工种安全操作和事故案例分析等四方面内容，其中专业安全技术又分为路基路面施工、桥梁施工和隧道施工三个部分。以动画和视频为主要表现形式，讲解了公路施工专业技术基础知识、安全风险和防范措施，生动直观，通俗易懂。本次出版的"配套用书"分为安全管理和路基路面、桥梁、隧道施工安全技术以及工种安全操作五个部分，图文并茂，易学易懂易记，与视频教程配套使用。其中工种安全操作以"口袋书"的形式单独细分成册，由《作业人员基本安全知识》《班组日常安全管理》《个人劳动保护及工程临边防护》《施工现场临时用电安全操作手册》《现场急救常识》及架子工、混凝土、隧道工等22个工种安全操作手册组成（共27本分册），全面介绍工人操作与安全生产施工的核心知识和现场安全操作要点，以促进工人综合素质和技能提升，培育交通工匠精神。

"视频教程"和"配套用书"的编制历时两年，由广东省南粤交通投资建设有限公司、中铁隧道局集团有限公司、武汉博晟安全技术股份有限公司等单位的相关技术人员，组成一支近百人的专业团队，收集了50多个高速公路建设项目的工程和视频资料，广泛吸取了各有关单位的意见建议，进行了数十次的修改和完善。编制工作注重理论与实践相结合，力求兼顾管理层、技术层和操作层的相关人员安全教育培训需求，可用于专业技术辅助交底和安全教育培训。在实际使用中应结合工作实际，对其中未涉及的法律和标准规范进行补充和完善。

在编制过程中，编写组参阅借鉴了大量资料，得到了许多领导、专家和同行的关心、指导和帮助，在此一并致以真诚的感谢和敬意！同时，由于我们的知识水平和工作能力所限，难免存在不足、疏漏甚至错误，恳请各位专家、读者将发现的问题和意见建议，及时函告广东省交通运输厅工程质量管理处（地址：广州市白云路27号，邮政编码：510101），或者广东省南粤交通投资建设有限公司安全生产监督管理部（地址：广州市天河区珠江新城珠江东路32号利通广场36楼，邮政编码：510623），帮助我们更好地改进提升。

本书编写组

2018年12月

目 录
Contents

第一章　桥梁基础知识 ………………………………………………………………… 001
  第一节　桥梁定义 ……………………………………………………………… 002
  第二节　桥梁分类和结构组成 ………………………………………………… 002
  第三节　桥梁主要施工方法 …………………………………………………… 004
  第四节　桥梁主要安全风险 …………………………………………………… 006

第二章　人工挖孔灌注桩施工 ………………………………………………………… 007
  第一节　人工挖孔灌注桩概述 ………………………………………………… 008
  第二节　人工挖孔灌注桩施工工艺流程及要点 ……………………………… 008
  第三节　人工挖孔灌注桩主要安全风险分析 ………………………………… 010
  第四节　人工挖孔灌注桩施工安全控制要点 ………………………………… 010

第三章　钻孔灌注桩施工 ……………………………………………………………… 013
  第一节　钻孔灌注桩概述 ……………………………………………………… 014
  第二节　钻孔灌注桩施工工艺流程及要点 …………………………………… 015
  第三节　钻孔灌注桩施工安全风险分析 ……………………………………… 018
  第四节　钻孔灌注桩施工安全控制要点 ……………………………………… 019

第四章　围堰施工 ……………………………………………………………………… 021
  第一节　围堰施工概述 ………………………………………………………… 022
  第二节　围堰施工工艺流程及要点 …………………………………………… 024
  第三节　围堰施工安全风险分析 ……………………………………………… 032
  第四节　围堰施工安全控制要点 ……………………………………………… 032

第五章　承台施工 ……………………………………………………………………… 035
  第一节　承台施工概述 ………………………………………………………… 036
  第二节　承台施工工艺流程及要点 …………………………………………… 037

| 第三节 | 承台施工安全风险分析 | 040 |
| 第四节 | 承台施工安全控制要点 | 040 |

第六章　墩台施工　043

第一节	墩台施工概述	044
第二节	墩台施工工艺流程及要点	047
第三节	墩台施工安全风险分析	049
第四节	墩台施工安全控制要点	049

第七章　系梁、盖梁施工　051

第一节	系梁、盖梁施工概述	052
第二节	系梁、盖梁施工工艺流程及要点	054
第三节	系梁、盖梁施工安全风险分析	056
第四节	系梁、盖梁施工安全控制要点	057

第八章　梁板预制施工　059

第一节	梁板预制施工概述	060
第二节	梁板预制工艺流程及要点	061
第三节	梁板预制施工安全风险分析	067
第四节	梁板预制施工安全控制要点	068

第九章　架桥机拼装及拆卸　071

第一节	架桥机概述	072
第二节	架桥机安拆管理要求	073
第三节	工艺流程及要点	073
第四节	施工安全风险分析	075
第五节	架桥机拼装及拆卸安全控制要点	076

第十章　预制梁板运输安装　079

第一节	预制梁板运输安装概述	080
第二节	架桥机架设法施工工艺流程及要点	082
第三节	预制梁板运输安装安全风险分析	086
第四节	预制梁板运输安装施工安全控制要点	086

第十一章　支架现浇法施工　089

第一节	支架现浇法施工概述	090
第二节	支架现浇法施工工艺流程及要点	091
第三节	支架现浇法施工安全风险分析	094
第四节	支架现浇法施工安全控制要点	095

第十二章　悬臂现浇法施工　097

第一节	悬臂现浇法施工概述	098
第二节	悬臂现浇法施工工艺流程及要点	098
第三节	悬臂现浇法施工安全风险分析	104

	第四节	悬臂现浇法施工安全控制要点	104
第十三章	**移动模架法施工**		107
	第一节	移动模架法施工概述	108
	第二节	移动模架法施工工艺流程及要点	108
	第三节	移动模架法施工安全风险分析	113
	第四节	移动模架法施工安全风险控制	113
第十四章	**悬臂拼装法施工**		117
	第一节	悬臂拼装法施工概述	118
	第二节	悬臂拼装法施工工艺流程及要点	119
	第三节	悬臂拼装法施工安全风险分析	128
	第四节	悬臂拼装法施工安全控制要点	129
第十五章	**桥面系施工**		131
	第一节	桥面系施工概述	132
	第二节	混凝土桥面施工工艺流程及要点	135
	第三节	桥面系施工安全风险分析	139
	第四节	桥面系施工安全控制要点	139
参考文献			143

第一章 PART 1
桥梁基础知识

第一节　桥梁定义

桥梁是指架设在江、河、湖、海上或跨越人工构造物、不良地质及满足其他通过需要使通行更加便捷的构筑物。

桥梁的修建能够节省空间和土地，裁弯取直，变平面交叉为立体交叉。桥梁主要有铁路桥、公路桥、公铁两用桥、人行桥、渡槽及其他专用桥梁。

第二节　桥梁分类和结构组成

一、桥梁分类

（1）按结构体系划分，主要有梁式桥、拱桥、悬索桥、斜拉桥、刚构桥及组合体系桥6种。

①梁式桥：梁式桥是以受弯为主的梁作为承重结构的桥梁（图1-1）。按受力体系分为简支梁、连续梁和悬臂梁等。梁式桥的优点是结构简单，工艺成熟。缺点是材料消耗大，跨径相对较小。

②拱桥：在竖直平面内以拱作为结构主要承重构件的桥梁（图1-2）。按桥面所处位置，可分为上承式、中承式、下承式。拱桥的优点是外形美观，承载力大，耐久性好。缺点是地基条件要求高，工艺较复杂，通航能力受限。

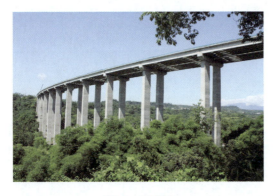
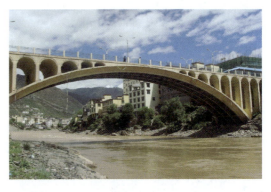

图1-1　梁式桥　　　　　　　　　　　　　　图1-2　拱桥

③悬索桥：通过索塔、缆索、吊杆形成悬吊体系作为上部结构承重的桥梁（图1-3）。按主缆锚固形式，可分为地锚式和自锚式等。悬索桥优点是跨径大，通航能力强。缺点是刚度小，工艺复杂，维护较困难。

④斜拉桥：斜拉桥又称斜张桥，是将主梁用许多拉索直接拉在桥塔上的一种桥梁（图1-4），斜拉桥主要由索塔、主梁、斜拉索组成。斜拉桥的优点是：梁体尺寸较小，桥梁的跨越能力较大；受桥下净空和桥面标高的限制少；抗风稳定性比悬索桥好。斜拉桥的缺点是：索与梁、塔的连接构造较复杂。

第一章 / 隧道基础知识

图1-3 悬索桥

图1-4 斜拉桥

⑤刚构桥：以梁和腿或墩（台）身构成刚性连接的桥梁（图1-5）。结构形式可分为门式刚构桥、斜腿刚构桥、T形刚构桥和连续刚构桥等。刚构桥的优点是桥下净空大，桥面平顺性好。缺点是受力体系复杂。

⑥组合体系桥：由拉、压、弯等几个不同受力体系结构组合而成的桥梁（图1-6）。常见的组合体系有梁—拱组合体系、梁—桁架组合体系、索—梁组合体。

图1-5 刚构桥

图1-6 梁—拱组合体系桥

（2）按桥长及跨径划分，主要有特大桥、大桥、中桥、小桥。按桥长及跨径分类见表1-1。

桥梁分类（按跨径大小） 表1-1

桥梁分类	多孔跨径总长（m）	单孔跨径 L_k（m）
特大桥	$L > 1000$	$L_k > 150$
大桥	$100 \leq L \leq 1000$	$40 \leq L_k \leq 150$
中桥	$30 < L < 100$	$20 \leq L_k < 40$
小桥	$8 \leq L \leq 30$	$5 \leq L_k < 20$

二、桥梁基本组成

桥梁基本结构见图1-7。

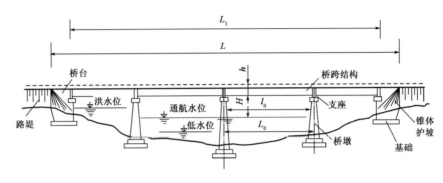

图 1-7　桥梁基本结构

（1）上部结构：又称桥跨结构或桥孔结构，包括承载结构和桥面系。
（2）下部结构：通常包括桥墩、桥台和基础。
（3）支座：设在桥梁上部结构与下部结构之间的传力装置。
（4）附属结构：桥梁主体结构之外修建的其他结构物，包括锥形护坡、护岸、防撞设施等。

第三节　桥梁主要施工方法

一、基础

桥梁工程通常采用的基础形式主要有扩大基础、桩基础等。
（1）扩大基础：是将墩、台及上部结构传来的荷载由其直接传递至地基的一种基础形式，一般采用明挖基坑的方法进行施工。
（2）桩基础：桩是深入地基的柱形构件，其作用是将作用于桩顶以上的荷载传递到地基的较深处。
①沉入桩：钢、木、钢筋混凝土等材料制作的柱状构件，以锤击、振动、射水、静压等方式沉入或埋入地基而成的桩。
②灌注桩：在地基中以人工或机械成孔，在孔中灌注混凝土而成的桩。

二、承台

承台是在群桩顶部浇筑的钢筋混凝土平台，其作用是承受、分布由墩身传来的荷载。

三、墩、台身

对于结构形式较简单，高度不大的墩、台身，一般采用组合型钢模板一次或几次现浇施工；对于高墩及斜拉桥、悬索桥的索塔，多采用翻模、爬模或滑模施工。

四、上部结构

（1）支架现浇法：是在桥位处搭设支架安装模板，整体浇筑混凝土，待混凝土达到设计强度后拆除模板、支架的施工方法（图 1-8）。
（2）预制安装法：是在预制工厂或在运输方便的桥址附近设置预制场进行梁的预制工作，然后采用一定的架设方法进行安装，完成桥体结构的施工方法（图 1-9）。吊装设备主要有汽车吊、浮运吊、架桥机、龙门吊等。

图1-8 支架现浇法

图1-9 预制安装法

（3）悬臂施工法：是从桥墩开始向跨中不断接长梁体形成桥跨结构的施工方法（图1-10）。其有悬臂浇筑施工和悬臂拼装施工之分。

（4）移动模架法：是采用可在桥墩上纵向移动的支架及模板，在其上逐跨现浇梁体混凝土，并逐跨施加预应力的施工方法（图1-11）。

图1-10 悬臂施工法

图1-11 移动模架法

（5）转体施工法：是将桥梁构件先在线路适当角度进行预制，待混凝土达到设计强度后旋转构件就位的施工方法（图1-12）。

（6）顶推施工法：是在沿桥纵轴方向的台后设置预制场地，分节段预制，并用纵向预应力筋将预制节段与施工完成的梁段联成整体，然后通过顶推装置施力，将梁体向前顶推出预制场地，之后继续在预制场进行下一节段梁的预制，循环操作直至施工完成（图1-13）。

图1-12 转体施工法

图1-13 顶推施工法

（7）横移施工法：是在待安置结构的位置旁预制梁体，并横向移动该梁体，将它安置在规定的位置上（图1-14）。

图1-14　横移施工法

第四节　桥梁主要安全风险

根据不同类型桥梁工程的规模、周边环境和气候等不确定因素，施工中特有的安全风险主要有：

（1）下部结构施工安全风险

①人工挖孔桩存在中毒窒息风险；

②挖孔桩采用火工品作业时存在放炮伤害风险；

③承台基坑边坡存在坍塌安全风险；

④水中桥围堰施工存在透水淹溺风险；

⑤墩柱混凝土浇筑施工存在爆模风险；

⑥下部结构施工还存在地基塌陷、物体打击、水流冲垮、柱笼倒塌、高空坠落、机械伤害、触电等常规风险。

（2）上部结构施工安全风险

①支架安拆存在坍塌风险；

②高处动火作业存在火灾风险；

③架桥机、挂篮、移动模架安拆或作业时存在倾覆风险；

④张拉作业存在机械伤害风险；

⑤梁板运输存在倾覆安全风险；

⑥上部施工作业人员存在高空坠落风险；

⑦上部结构施工还存在物体打击、机械伤害、触电等常规风险。

第二章 PART 2
人工挖孔灌注桩施工

第一节　人工挖孔灌注桩概述

人工挖孔灌注桩是采用人力挖掘成孔,然后安放钢筋笼、浇筑混凝土成桩的施工方法。一般用于桥梁、房屋等基础处理,也常应用于边坡加固治理工程中的抗滑桩。

人工挖孔灌注桩适用于无地下水或有少量地下水的地形,且较密实的土层或风化岩层。人工挖孔灌注桩优缺点见表2-1。

人工挖孔灌注桩优缺点　　表2-1

优　点	缺　点
(1)桩身地质情况可直接观察; (2)成孔及浇筑质量易于控制; (3)工艺简单,适用范围广	(1)劳动强度大; (2)施工速度慢; (3)安全风险高; (4)受外界条件影响大

人工挖孔灌注桩的成孔机具操作简单,作业时振动和噪声较小,可多桩同时施工,适用范围广。但桩孔内环境恶劣,工人劳动强度大,危险性极高,安全保障差。

第二节　人工挖孔灌注桩施工工艺流程及要点

人工挖孔灌注桩属于危险性较大的工程,施工前应编制专项施工方案并按规定审批。深度大于15m或深度小于15m但地质条件复杂或存在有毒有害气体分布的人工挖孔桩工程专项施工方案还须经专家论证、审查。

一、人工挖孔灌注桩施工工艺流程

人工挖孔灌注桩施工工艺流程见图2-1。

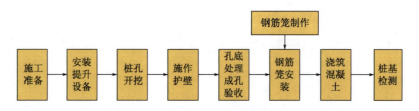

图2-1　人工挖孔灌注桩施工工艺流程

二、人工挖孔灌注桩施工工艺要点

1.测量及锁口圈施工

测量放样后定出孔位,施作锁口圈,锁口宽度不小于护壁厚度的2倍,高出地面不小于30cm,以阻挡井上土石及其他物体滚入井下伤人,并且便于挡水和定位。锁口布置见图2-2。

2. 安装提升设备

提升设备的基础需进行硬化,提升设备安装时,须打设地锚并设置配重,配重荷载应经计算确定,确保安全。钢丝绳的安全系数不小于5,并定期检查其磨损情况。

3. 桩孔开挖

从上到下逐层用镐、锹进行开挖,遇坚硬土或大块孤石采用锤、钎或风镐破碎,遇到岩层可采用浅眼松动爆破。开挖顺序为先挖中间后挖周边。

4. 施作护壁

采用浇筑素混凝土护壁或钢筋混凝土护壁,护壁高度一般为0.8～1.0m。每一节开挖完成后,应及时施作护壁。护壁混凝土厚度不小于设计厚度,如有钢筋应严格按设计图纸绑扎和做好上下层钢筋连接。两节护壁之间留10～15cm的空隙,以便进行混凝土浇筑。护壁施工见图2-3。

图2-2　锁口布置　　　　　　　　图2-3　护壁施工

5. 孔底处理及成孔验收

开挖到设计高程后,对孔底进行清理,做到平整、无虚渣;对孔深、孔径、倾斜度及孔底地层进行验收。施工单位自检,自检合格后报监理工程师进行验收。成孔质量标准见表2-2。发现地质情况与设计不符时,及时联系建设、监理、勘察和设计等单位研究处理方案。

挖孔灌注桩成孔质量标准　　　　　　　　表2-2

序　号	项　目	规定值或允许偏差值
1	孔的中心位置(mm)	群桩:100;单排桩:50
2	孔径(mm)	不小于设计桩径
3	倾斜度(%)	小于0.5
4	孔深(m)	摩擦桩:不小于设计规定 支撑桩:比设计深度超深不小于0.05

6. 钢筋笼制作及安装

钢筋笼宜采用自动化钢筋笼滚焊机制作,钢筋笼的主筋采用机械连接(图2-4)或焊接(图2-5),采用搭接焊时应预弯处理,同一截面上接头数量不超过50%。加强箍筋与主筋的连接采用焊接,螺旋筋与主筋的交叉点应绑扎牢固,绑扎点不小于50%。根据施工条件钢筋笼可整体或分段吊入孔内,也可在孔内绑扎。

图 2-4　主筋机械连接

图 2-5　主筋焊接

7. 浇筑混凝土

孔内无积水时，混凝土浇筑常采用漏斗加串筒下料，自由倾落高度不应超过 2m，采用插入式振动器分层振捣。

孔内有积水且无法排净，或桩径较小、桩身较长，混凝土振捣操作困难时，应按水下混凝土灌注的要求施工。

8. 桩基检测

桩基施工完成后，应按设计要求全部进行桩基检测，无损检测方法主要有声波透射法、高应变法和低应变法、静载试验法，对桩的质量有疑问时采取钻孔取芯检测。

桩身完整性根据实测数据进行分析，并填写检测报告。

第三节　人工挖孔灌注桩主要安全风险分析

人工挖孔灌注桩施工一般安全风险主要有高处坠落、机械伤害、触电、起重伤害、爆破伤害、淹溺等。

人工挖孔桩属于有限空间作业，其特有风险主要有：

（1）孔壁坍塌：因护壁施作不及时、强度不足、单次开挖深度过大或地质突变等，导致孔壁土体或护壁失稳塌落、压迫、掩埋孔底作业人员。

（2）中毒窒息：因孔内出现有毒有害气体致人中毒，或含氧量不足造成作业人员窒息。

（3）物体打击：人工挖孔灌注桩在平行立体交叉作业过程中，孔口地面狭小，重物、工具、土石等落入孔内，打伤孔内作业人员。

第四节　人工挖孔灌注桩施工安全控制要点

人工挖孔灌注桩施工安全控制要点如下：

（1）人工挖孔桩作业涉及的工种有开挖工、电工、测量工、爆破作业人员、设备操作司机、钢筋工、电焊工、混凝土工等，其中爆破作业人员、电工、电焊工等特种作业人员必须持证上岗。

（2）孔口周边应设置 U 形防护围栏，高度不宜低于 1.2m，挂设安全网，并设置相应的安全警示标识，夜间应悬挂示警红灯。

（3）傍山地段进行挖孔桩作业前，应仔细检查和清除陡坡上的浮石，必要时须设置防滚石措施，雨后应检查边坡的稳定情况。

（4）每孔作业人员固定，配置对讲机，上下桩孔应采用专用软梯（图 2-6），严禁乘吊桶、攀爬钢筋上下，不得携带工具和材料。

（5）当挖孔至 5m 以下时，应在孔底面上 3m 左右处的护壁上设置半圆形防护板（图 2-7），防护板固定牢靠，采用钢板或钢筋网片加胶合板。吊装作业时，孔内作业人员应暂停作业，并站在半圆形防护板正下方。

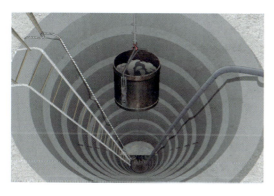
图 2-6　软梯布置

图 2-7　半圆形防护板布置

（6）临时用电应严格按照规范布置；照明线路与动力线路应分开设置；孔内应设防水带罩灯照明，线路采用防水绝缘电缆，电压采用 12V 及以下安全电压。

（7）提升设备应满足吊装荷载要求，保证 2 倍配重；设备基础应坚实、锚定应牢固；具备双保险自锁装置、限位器以及防脱落、防倾覆装置；钢丝绳不得打结、扭绕，严禁完全放出，钢丝绳要预留 3 圈；严禁超载使用；提升时应匀速提升；提升设备应经常检查、维护。

（8）钢筋笼堆放不得超过两层，两侧要有可靠防滑动措施；增加十字形或三角形支撑，防止变形。

（9）护壁模板应在混凝土强度达到 5MPa 后拆除。

（10）挖孔深度超过 10m 时，应强制采用机械通风，风量不小于 25L/s；挖孔作业前，应先检查孔内有毒、有害气体情况，挖孔过程中按规定频次进行检测，进入受限空间原则上至少 2h 一次，如环境地质恶劣也可将时间缩短为每 30min 一次。

（11）挖孔弃土要及时转运，井口四周不得堆积余土杂物；禁止任何车辆在桩孔边内行驶。

（12）孔桩暂停施工时应用盖板或钢筋网片将孔口覆盖。

（13）如采用爆破施工孔内和相邻孔的作业人员应撤离至安全地带，爆破时，孔口应加可排气压重防护盖，以防止石渣飞出，孔桩爆破开挖，严格按爆破设计和《爆破安全规程》（GB 6722—2014）操作施工。加强爆破震动监测，根据监测和地质情况及时调整爆破参数，保证爆破安全。爆破后应先通风排烟 15min，经检查无有毒有害气体后，方可继续下井施工。

(14)人工挖孔桩施工时相邻两桩孔间净距离不得小于3倍桩径,当桩孔间距小于3倍间距时必须间隔交错跳挖。

(15)遇到突泥、突砂、坍塌、涌水等复杂地质条件时,每挖深0.5m必须立即浇筑护壁。

(16)在孔内施工时,若作业人员发现局部坍落、涌水量突然增大等异常情况,必须立即撤离。

第三章 PART 3
钻孔灌注桩施工

第一节　钻孔灌注桩概述

钻孔灌注桩是通过机械在地基中钻进形成桩孔,孔内放置钢筋笼、灌注混凝土形成的桩体。

按成孔方法不同,可分为回旋钻机法、冲击钻机法、旋挖钻机法等。

(1)回旋钻机法:利用钻头旋转切入破碎地层,并通过循环的泥浆护壁和排渣,形成桩孔。见图3-1。

(2)冲击钻机法:利用自由下落的钻头冲挤土层或破碎岩层,通过泥浆护壁,采用泥浆循环排渣或取渣桶取渣,形成桩孔(图3-2)。

图3-1　回旋钻机施工

图3-2　冲击钻机施工

(3)旋挖钻机法:利用钻头的回转破碎岩土,并将其装入钻头内,伸缩钻杆提升钻头至孔外卸土,形成桩孔(图3-3)。

图3-3　旋挖钻机施工

钻孔灌注桩按护壁形式不同,又可分为泥浆护壁法、套管护壁法、干作业法。各种钻孔方法的适用范围见表3-1。

各种钻孔方法适用范围及特点 表3-1

钻孔方法		适用范围	优点	缺点	泥浆作用
回旋钻机法	正循环	填土层、淤泥及淤泥质土层	设备简单、钻机小,可使用于狭窄工地;护壁效果好;施工中无挤压,不会造成邻桩断裂、缩颈	成孔速度慢、效率低;泥浆排放量大;沉渣厚度大	悬浮钻渣并护壁
	反循环	填土、淤泥及淤泥质土、黏性土、粉土、砂土、砂砾	可施工大直径、大深度的桩;施工振动小、噪声小;钻挖速度快	大口径卵石或巨石底层钻进困难时;岩土中承压水头高时,施工困难;对泥浆密度的要求高	护壁
冲击钻机法		各类地质土层	设备构造简单、操作方便,易移动;泥浆用量少,孔壁较坚实,稳定,不受施工场地限制	掏渣耗时多、效率低;易出现卡钻、掉钻和孔斜的情况;泥渣难掏尽	悬浮钻渣并护壁
旋挖钻机法		填土层、黏性土层、粉土层、淤泥层、砂石层,含有部分卵石、碎石的土层	钻孔快,自动化程度高,效率高;造价低,移动灵活,定位准确;适用范围广	对卵石粒径较大、有承压水时,施工困难;易产生塌孔	护壁

第二节 钻孔灌注桩施工工艺流程及要点

钻孔灌注桩属于危险性较大的工程,施工前应编制专项施工方案,并按规定审批。水深不少于20m的深水桩基础须专家论证方可施工。

一、钻孔灌注桩施工工艺流程

钻孔灌注桩施工工艺流程见图3-4。

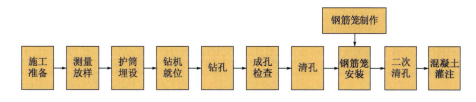

图3-4 钻孔灌注桩施工工艺流程

二、钻孔灌注桩施工工艺要点

1. 施工准备

施工前摸清施工范围内的地下管线等分布情况,并采取规避措施;针对工程地质、水文地质或技术条件特别复杂的钻孔灌注桩,宜在施工前进行工艺试桩。

旱地钻孔时,原地平整、压实形成工作平台;浅水区钻孔时,采用筑岛法形成工作平台。深水区钻孔时,宜搭设钢制平台,其顶面高程应高于施工期间最高水位1m以上;当水位变动不大时,亦可采用浮式工作平台,浮式钻孔平台是采用钢围堰或水上设备如民用船舶、工程浮箱等搭设而成,适用于深水水流平稳、波浪小的施工环境。

工作场地应满足钻孔成桩作业需要,合理规划钻机位置、泥浆池、补浆线路、供电线路、钻渣临时存储池及弃渣场。

2. 护筒埋设

采用挖埋或锤击、振动、压重等方法埋设护筒(图3-5);埋设完毕后,复核护筒的平面位置和高程,护筒中心与桩中心的平面位置偏差不应大于50mm,在竖直方向的倾斜度应不大于1%。护筒顶面宜高出原地面0.3m或高出水面1~2m;根据施工环境确定护筒埋置深度,在旱地或筑岛处护筒的埋置深度宜为2~4m;水中或特殊情况下应通过计算确定;对有冲刷影响的河床,护筒宜沉入施工期局部冲刷线以下1.0~1.5m。当采用钢护筒作为钻孔平台受力结构时,深度应满足受力需要。

图3-5 护筒埋设

3. 钻机就位

护筒埋设好后安装钻机,并将钻头对准桩孔中心,钻头中心与钻孔中心位置偏差控制在2cm内;钻机基础应平整坚实,安装稳定、牢固。

4. 钻孔

正、反循环回旋钻:开钻时,慢速钻至护筒以下1m后,再逐渐增加转速;钻进时应减压,钻机的主吊钩始终应承受部分钻具的重力,孔底承受的钻压不应超过钻具重力之和(扣除浮力)的80%。

冲击钻:开钻时应小冲程开孔;待钻进深度超过钻头全高加冲程后,方可正常冲击;钻进过程中,孔内泥浆应高于护筒底500mm以上。

旋挖钻:泥浆初次注入时,应垂直向桩孔中间注浆;钻进过程中应保证泥浆面始终不低于护筒底500mm以上,并严格控制钻速(0.75~0.80m/s),避免进尺过快造成坍孔。

钻孔过程中,应随时对孔内泥浆的性能进行检测,不符合要求时及时调整。

5. 成孔检查

钻孔完成后对孔位、孔径、孔深和倾斜度等进行检查,合格后方可清孔。成孔检查标准见表3-2。

成孔检测标准　　　　　　　表3-2

项　目	规定值或允许值
孔的中心位置(mm)	群桩:100;单排桩:50
孔径(mm)	不小于设计桩径
倾斜度(%)	<1
孔深(m)	摩擦桩:不小于设计规定 支承桩:比设计深度超深不小于0.05

6. 清孔

用换浆、抽浆、掏渣、空压机冲气等方法清孔,直至孔内浆液和孔底沉渣厚度符合要求。

清孔排渣时,必须保持孔内水头,防止坍孔;不得用加大钻孔深度的方式代替清孔。钻孔灌注桩成孔检查见表3-3。

钻孔灌注桩成孔清孔标准　　　　　　　表3-3

项　目	规定值或允许值
沉淀厚度(mm)	摩擦桩:符合设计规定。设计未规定时,对于直径≤1.5m的桩,≤200;对桩径>1.5m或桩长>40m或土质较差的桩,≤300; 支承桩:不大于设计规定;设计未规定时,≤50
清孔后泥浆指标	相对密度:1.03~1.10;黏度:17~20Pa·s 含砂率:<2%;胶体率:>98%

注:1. 清孔后的泥浆指标,是从桩孔的顶、中、底部分别取样检验的平均值。
　　2. 对冲击成孔的桩,清孔后泥浆的相对密度可适当提高,不宜超过1.15。

7. 钢筋笼安装

钢筋笼宜采用自动化钢筋笼滚焊机制作(图3-6),在加工厂集中加工,专用车辆运送至现场,整体或分段吊装。

图3-6　钢筋笼滚焊机制作

钢筋笼的主筋采用机械连接或焊接,同一截面上接头数量不超过50%;在骨架顶端设置吊环,外侧设置混凝土保护层垫块;钢筋笼内侧安装固定声测管(设计若有)。钢筋笼中心与桩孔中心偏差不大于10mm,钢筋笼底面高程偏差不大于0.05m。

8. 二次清孔

灌注水下混凝土之前,再次检查孔内泥浆的性能指标和孔底沉淀厚度,不符合要求时,应进行第二次清孔,符合要求后方可灌注。

9. 混凝土灌注

清孔后应立即灌注混凝土。一般采用导管法进行水下混凝土灌注(图3-7)。导管使用前应进行水密承压(图3-8)和接头抗拉试验,严禁采用压气试压。水密试验的水压应不小于孔内水深1.3倍的压力,亦不应小于导管壁和焊缝可能承受灌注混凝土时最大内压力p的1.3倍。导管水密试验现场见图3-7。

图3-7 导管法水下混凝土灌注

图3-8 导管水密试验

混凝土灌注前应检查坍落度,保证灌注效果;首盘混凝土灌入后,测探孔内混凝土面高度,判断是否封底成功,首批灌注混凝土的数量应能满足导管首次埋置深度1m以上;正常灌注开始后,应保证连续、紧凑地进行,不得中断。提升导管要保持居中、均匀、慢速;导管埋置深度宜控制在2~6m。超灌高度不应小于0.5m。

第三节 钻孔灌注桩施工安全风险分析

钻孔灌注桩施工中存在的一般安全风险主要有触电、物体打击、车辆伤害、高处坠落、机械伤害等。根据钻孔灌注桩施工工艺及地下作业特点,还存在起重伤害、淹溺、设备倾覆、桩孔坍塌及卡钻、掉钻等特有风险。

(1)起重伤害:起重作业中,吊物脱钩砸人、钢丝绳断裂伤人、吊物移动时撞人以及起重设备倾覆等。

(2)淹溺:因泥浆池、注浆的孔桩或水上平台防护不到位导致人员坠入的淹溺。

(3)桩孔坍塌:由塌孔诱发的机械设备倾覆或人员伤害。

(4)设备倾覆:钻机、吊车等机械设备因基础不牢固、操作不当或施工中遇到溶岩空洞等引起的倾覆伤害。

(5)卡钻、掉钻:由于操作失误、地质突变或溶岩地区等原因导致卡钻、掉钻事故。

第四节　钻孔灌注桩施工安全控制要点

钻孔灌注桩施工安全控制要点如下：

(1) 钻孔灌注桩施工作业涉及的工种有电工、电焊工、钢筋工、混凝土工、设备操作司机、试验工、测量工等工种，其中电工、电焊工等特种作业人员及起重机械操作司机须持证上岗。

(2) 钻机安装后，其底座和顶端应平稳，确保钻机在钻进施工时不应产生位移或沉陷，雨季施工应做好排水工作，防止钻机基础软化导致钻机倾斜或倒塌。

(3) 冲击钻严禁使用破损的滑轮，钻架的滑轮最小直径与钢丝绳直径之比不应小于 12~18。

(4) 旋挖钻避免在 10°以上的斜坡上作业，不得在斜坡上转向，以防发生倾覆。

(5) 起重设备临近外电架空线路吊装时，最小安全距离规定见表 3-4。

起重设备与架空线路边线的最小安全距离　　表 3-4

所沿方向	电压(kV)						
	<1	10	35	110	220	330	500
沿垂直方向	1.5	3	4	5	6	7	8.5
沿水平方向	1.5	2	3.5	4	6	7	8.5

(6) 钻孔桩孔口泥浆池周边应设置防护栏杆，设置安全警示标牌，夜间应悬挂示警红灯，停止施工的孔桩，孔口应加盖防护。

(7) 护筒的强度和刚度应满足钻孔作业和吊挂支撑钢筋笼的要求；使用横担支撑钢筋笼时(图 3-9)，必须担在加强箍筋上；承重横担应有足够长度，且受力支点稳固。

图 3-9　横担支撑钢筋笼

(8) 水中平台基础应采取防冲刷措施和防撞设施；平台及安全通道应设置防护栏杆，有坡度的须设置防滑条。

(9) 回旋钻机钻进时，高压胶管下不得站人。

(10) 钻进时，作业人员应位于安全位置，严禁靠近和触摸钻杆；旋挖钻进时，严禁人员在机械操作范围内停留或通过。

(11) 回旋钻机旋转时，不得提升钻杆；冲击钻作业发生卡钻时，不得强提；停钻时，钻头、钻杆应置于孔外安全位置。

(12) 冲击钻起落钻头速度应均匀，井孔周围不得放置铁件，以防掉入孔内。

(13) 在砂性土或粉性土层较厚的地区，钻孔施工应采取防止地层液化、缩径、坍孔的有效措施。熔岩地段施工全面了解地质情况，遇异常和不确定情况及时联系设计进行地质勘探明确，防止施工中发生因溶岩空洞等引起的掉钻、卡钻和机械倾覆现象而造成伤害。

(14) 钢筋笼堆放不得超过 2 层，两侧要有可靠防滑动措施；增加十字形或三角形支撑，防止变形。钢筋笼内撑见图 3-10。

图 3-10　钢筋笼内撑

(15) 膨润土等物料不得堆放在泥浆池和孔口周边。

(16) 施工前应制订环境保护方案，施工中产生的泥浆、钻渣不得随意排放，防止污染。

(17) 冲击钻作业时，应待邻桩混凝土达到 2.5MPa 抗压强度后方可开钻。

(18) 钻进时注意地层变化及设备运转情况，出现异常立即停钻；因故停钻时，必须将钻头提出孔外，并做好孔口防护。

(19) 钢筋笼下放遇到阻碍应暂停作业，查明原因并进行处理，严禁高提猛落、强制下放。

(20) 发生严重坍孔导致地面塌陷时，应立即停止作业，迅速撤离作业人员。

第四章 PART 4
围堰施工

第一节 围堰施工概述

一、围堰定义

围堰是水下工程施工中用于临时挡水,保证水下建筑物能在干地施工的设施。

二、围堰分类

围堰按使用材料不同,可分为土石围堰、钢板桩围堰、锁口钢管桩围堰、钢套箱围堰和双壁钢围堰等,见图4-1~图4-5。

图4-1 土石围堰

图4-2 钢板桩围堰

图4-3 锁口钢管桩围堰

图4-4 钢套箱围堰

三、围堰特点及适用条件

由于土石围堰抗冲刷能力较低,且占地面积大,适用于水深不大、流速较缓的水域。按适用环境的不同,可分为土围堰、土袋围堰、竹(木)笼、铅丝笼及钢笼围堰和膜袋围堰等。土围堰适用于水深2m以内、水流流速0.5m/s以内,河床土质渗水较小的情况。土袋围堰适用于水深在3m以内,流速在1.5m/s以内,河床土质渗水性较小的情况。竹、铅丝笼围堰适用于流速较大而水深在1.5~4m的情况。

图 4-5 双壁钢围堰

钢板桩围堰防水性能较好,刚度较大,适用于浅滩区河床。钢板桩可用锤击、振动、射水等方法下沉。

锁口钢管桩围堰防水性能、刚度较钢板桩围堰大,适用于水深较大水域,常选用振动锤沉桩。钢板桩围堰与锁口钢管桩围堰对比见表 4-1。

钢板桩围堰与锁口钢管桩围堰对比 表 4-1

围堰类型	断面形式	锁口形式	适用条件及特点
钢板桩围堰	Z 形、U 形、平形和工字形	阴阳形、环形和套形	适用于浅滩区,防水性能好,刚度大
锁口钢管桩围堰	—	L-T 形、C-T 形和 C-C 形	适用于深水区,防水性能好,刚度较钢板桩围堰大

钢套箱围堰可分为无底钢套箱围堰和有底钢吊箱围堰,前者适用于低桩承台即承台高程较低、承台底距离河床较近或已进入河床时,后者适用于深水高桩承台即承台底与河床之间距离较大时。套箱可制成整体式或装配式。无底钢套箱围堰和有底钢吊箱围堰适用情况见图 4-6、图 4-7。

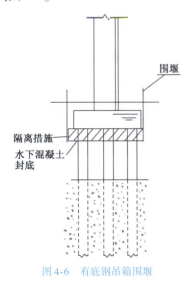

图 4-6 有底钢吊箱围堰　　　　图 4-7 无底钢套箱围堰

双壁钢围堰分有底和无底两种,防水性能好,刚度大,适用于大型河流(湖泊、海洋)中的深水基础,可不设支撑,不仅可作为承台施工的围护结构,也可兼作钻孔平台的支撑体系。

围堰型式多种多样,可根据实际情况选用一种或多种围堰型式组合的施工方法。

第二节 围堰施工工艺流程及要点

围堰施工属于危险性较大的大型临时工程,需编制专项施工方案,水深不小于10m或小于10m但达到一定条件的围堰工程还需专家论证、审查。见表4-2。

危险性较大的工程(节选) 表4-2

工程类别	须编制专项施工方案的工程项目	须专家论证、审查的工程项目
大型临时工程	围堰工程	水深不小于10m的围堰工程
桥涵工程	(1)施工船作业; (2)边通航边施工作业; (3)水下工程中的水下焊接、混凝土浇筑等	(1)开敞式水域大型预制构件的运输与吊装作业; (2)在三级及以上通航等级的航道上进行的水上及水下施工
起重吊装工程	(1)采用非常规起重设备、方法,且单件起吊重量在10kN及以上的起重吊装工程; (2)采用起重机械进行安装的工程; (3)起重机械设备自身的安装、拆卸	(1)采用非常规起重设备、方法,且单件起吊重量在100kN及以上的起重吊装工程; (2)起吊重量在300kN及以上的起重设备安装、拆卸工程

一、膜袋围堰

膜袋围堰是一种较新颖且稳定性较好,抗冲刷能力较强的土石围堰,适用于水深在5m以内,流速在3m/s以内,且河(湖、海)床较平缓的情况。

1.膜袋围堰施工工艺流程

膜袋围堰施工工艺流程见图4-8,膜袋围堰见图4-9。

图4-8 膜袋围堰施工工艺流程

2.膜袋围堰施工工艺要点

(1)施工准备

根据施工方案放出膜袋围堰的平面位置,并确定填筑高度。围堰高度应高出施工期间可能出现的最高水位(包括浪高)0.5~0.7m。

筑堰前,应进行充填砂试验(图4-10),取膜袋长6m,宽3m,厚0.5m,可在模拟的围堰内进行试验以获得充填砂参数及膜袋渗透系数等,并清理、整平堰底河(湖、海)床。

图4-9 膜袋围堰

图4-10 充填砂试验

（2）围堰填筑

按锚块布设、膜袋定位及铺设、膜袋灌砂顺序进行。

膜袋的缝合应牢固严密，袋体缝制完成后，采用扇形折叠。每只充填袋长度一般为10～50m，充填后袋体每层高度一般不大于0.5m。土工包接缝强度宜达到材料的拉伸强度，拼接缝制后强度不低于原织物强度的85%，接缝用三道锦纶线，针脚间距≤5mm。每个袋子的拼接缝不宜过多，且相邻拼接缝的间距应大于2m，断面成型后的外露部分不应有拼接缝。

沿膜袋坡角轮廓线外一定距离布置定位块（或打设定位桩），定位块中预埋的钢管（或定位桩）应直通或可接长至水面。

膜袋水下铺设主要由船只配合潜水员完成，应用膜袋上的系绳将膜袋固定在定位块钢管（或定位桩）上。水上区域由人工按测量放样的位置铺设。

灌砂前须完成泵砂管与袖口的连接，灌砂应遵循"先四角，再由中间向两边，逐层堆码"的原则。

（3）堰内排水

围堰沉降稳定后方可进行基坑的排水，并控制水位降速以给突发情况响应时间，并实时检查堰体的渗漏水、稳定性等情况，发现异常立即上报并迅速启动应急预案。

（4）围堰拆除

基础、墩柱施工完成后，进行围堰拆除。水上部分采用挖掘机分层倒退式开挖，自下游向上游依次进行；水下部分采用水上挖机或抓斗船挖除。

二、钢板桩围堰

1. 钢板桩围堰施工工艺流程

钢板桩围堰施工工艺流程见图4-11。

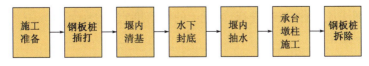

图4-11 钢板桩围堰施工工艺流程

2. 钢板桩围堰施工工艺要点

（1）施工准备

利用钢护筒或钢平台与钢板桩围堰的位置关系，现场制作、安装导向架（图4-12）。

钢板桩使用前，应进行外观检验，如表面缺陷、长度、宽度、厚度、高度、端头矩形比、平直度和锁口形状等，割除影响打桩的焊接件。插打前先试桩，以确定成桩参数。

（2）钢板桩插打

钢板桩锁口填嵌黄油沥青混合料后，垂直起吊钢板桩插入已就位的锁口中。

河流中钢板桩的插打（图4-13）一般自上游向下游依次对称进行，可采用逐块插打或先插合拢后再打，也可视情形将两种方法结合使用。插桩原则："插桩正直、分散偏差、有偏即纠、调整合龙"。钢板桩插打方法适用范围及特点见表4-3。

图4-12　导向架安装

图4-13　钢板桩插打

钢板桩插打方法适用范围及特点　　表4-3

序　号	插打方法	适用范围	特　点
1	逐块插打	用于较矮的吊桩设备，桩架移动线路较短	进度较快，但合拢误差大
2	先插合拢后再打	用于较高的吊桩设备，桩架移动线路较长	进度较慢，但合拢误差小

钢板桩围堰合拢不平行时，可使用千斤顶或手拉葫芦调整间距，或制作异形钢板桩合拢。钢板桩插打完成后，及时安装顶层围檩、支撑。

（3）堰内清基

常采用吸泥机清基；泥沙较难吸出区域，可由潜水员配合清理，桩壁不得沾有泥沙。清基后测量基底高程，允许偏差为±40cm。

（4）水下封底

清基完成后，浇筑水下封底混凝土。为使钢板桩与水下封底混凝土结合良好，布设导管时应考虑钢护筒、支撑、围檩、导向架等构件的影响，四周适当加密。导管的布置原则：流动半径不大于5m，各导管的流动范围大致相等。导管布置见图4-14。

封底混凝土灌注应对称、连续进行，混凝土的坍落度宜为180～220mm。封底混凝土与钢板桩之间应设置隔离措施。

（5）堰内抽水

堰内抽水应在封底混凝土达到抽水强度后进行。抽水强度考虑的因素有混凝土厚度、水压等,通常为设计强度。抽水至相应位置,安装围檩和支撑系统。

抽水过程中,须派专人对钢板桩和支撑系统进行观察并堵漏。堵漏工作内外同时进行,堰外用细煤渣和木屑混合物倒入漏水部分(锁口处下灌),堰内由潜水员用棉絮塞缝。围堰抽水见图4-15。

图4-14 导管布置图

图4-15 围堰抽水

(6)钢板桩拆除

承台施工完成后,进行围堰拆除。先清理堰内杂物,再分阶段向堰内注水,并由下向上逐层拆除支撑、围檩,再用沉桩锤锤击钢板桩使之松动,最后拔除钢板桩。

三、锁口钢管桩围堰

锁口钢管桩围堰施工工艺流程见图4-16。

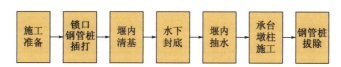

图4-16 锁口钢管桩围堰施工工艺流程

锁口钢管桩围堰(图4-17)与钢板桩围堰除材料断面形式不同外,施工工艺基本相同。

图4-17 锁口钢管桩围堰

四、无底装配式钢套箱围堰

1. 无底装配式钢套箱围堰施工工艺流程

无底装配式钢套箱围堰施工工艺流程见图 4-18。

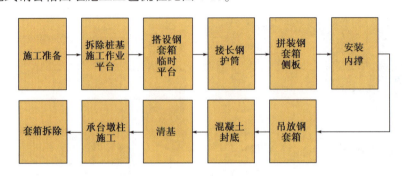

图 4-18　无底装配式钢套箱围堰施工工艺流程

2. 无底装配式钢套箱围堰施工工艺要点

（1）施工准备

钢套箱应在工厂加工制作，加工完成后进行试拼，尽量减少现场焊接工序。在既有桩基施工平台上放出围堰中线及轮廓线，利用围堰与钢护筒的相对位置关系，将围堰的轮廓线引至钢护筒上。

（2）拆除桩基施工作业平台

按施工方案拆除桩基施工作业平台。

（3）搭设钢套箱临时支撑平台

在钢护筒上焊接牛腿后，搭设钢套箱临时支撑平台（图 4-19）。牛腿设在水面上，顶面高程应一致，牛腿应足以承受模板体系的质量，牛腿顶面外侧铺木板并固定。

（4）接长钢护筒

根据牛腿顶、钢护筒顶高程及钢套箱高度等，确定钢护筒的接长高度。钢护筒接长后一般采用剪力键对接缝进行加强。

（5）拼装钢套箱

分块、分节对称拼装钢套箱，连接钢板处用止水橡胶条进行止水。

（6）安装内撑

侧模板分块安装时应设临时支撑（图 4-20），拼装完成后，对其平面位置进行复测满足要求后，再安装内支撑。

（7）吊放钢套箱

按施工方案焊接承重梁，并安装吊放设备。承重梁设于接长的护筒顶，吊放设备包括千斤顶（拉钢丝或精轧螺纹钢）、液压泵站、钢丝（精轧螺纹钢）、锚具等。

套箱下放前，应对吊放系统进行调试，确定每台千斤顶工作状态良好，行程是否一致。逐一预拉千斤顶，检测套箱结构的连接质量和防水性能，确认合格后，提起套箱 3～5cm，割除临时支撑平台（牛腿）。钢套箱吊放见图 4-21、图 4-22。

图4-19　搭设钢套箱临时支撑平台

图4-20　模板安装临时支撑设置

图4-21　钢套箱吊放设备

图4-22　钢套箱吊放

下放时,应保证千斤顶具有良好的同步性能。各点下放时的位移偏差应控制在3mm以内。钢套箱下沉完毕后,由潜水员用砂袋封堵钢套箱刃脚插板下的缝隙,以免封底混凝土流出。

(8)混凝土封底

套箱定位后,用型钢将套箱与钢护筒焊接,然后用千斤顶同时对吊筋进行调整,使其受力均匀,以确保封底混凝土浇筑过程中套箱不发生平面位移或倾斜。

封底一般采用早强混凝土水下灌注,严格控制混凝土各点的分布厚度,确保封底混凝土的质量。

(9)清基

封底混凝土强度达到设计要求后,抽排堰内积水,再割除套箱与钢护筒的连接并拆除千斤顶、吊筋等下放设备,清理泥浆沉淀,然后整平封底混凝土。

(10)套箱拆除

承台、墩身完工后,向围堰内注水,按先内支撑、再侧板的顺序依次拆除(图4-23)。

图 4-23　套箱拆除

五、有底装配式钢吊箱围堰

有底装配式钢吊箱围堰施工工艺流程见图 4-24。

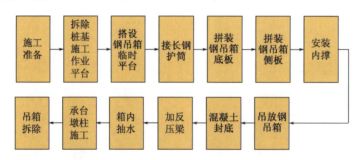

图 4-24　有底装配式钢吊箱围堰施工工艺流程

有底钢吊箱围堰除增加了底板和反压梁外，其余均与无底钢套箱围堰基本相同。有底装配式钢吊箱见图 4-25、图 4-26。

图 4-25　有底装配式钢吊箱底板拼装

图 4-26　有底装配式钢吊箱反压梁局部

六、双壁钢围堰

1. 双壁钢围堰施工工艺流程

双壁钢围堰施工工艺流程见图 4-27。

图 4-27　双壁钢围堰施工工艺流程

2. 双壁钢围堰施工工艺要点

（1）施工准备

双壁钢围堰结构的制作宜在工厂按设计要求进行，各节、各块应按预定的顺序对称组装拼焊，制作完成后应进行焊接质量超声波检验，并应进行水密试验（煤油渗透水密试验，焊缝处一面涂煤油，一面涂石灰粉浆，经规定时间后检查石灰有无浸渍），水密试验见图 4-28、图 4-29。做好现场测量控制点的布设及钢围堰浮运下沉锚碇系统的布置。

图 4-28　水密试验（涂煤油）　　　　　图 4-29　水密试验（涂石灰粉浆）

（2）底节钢围堰拼装

双壁钢围堰的运输、下沉采用浮运方式时，其底节拼装工作可在岸边拼装船上进行。拼装时，先点焊成型，再全面焊接。底节钢围堰拼装见图 4-30。

（3）浮运就位

底节围堰拼装完毕经检验合格后，将围堰运至下放处，固定船舶锚绳，系好钢围堰上层拉缆、临时下层拉缆和下层拉缆。

（4）底节钢围堰起吊下水

利用导向船上的起吊设备将底节钢围堰吊起，使之离开拼装船船面 0.1m 左右，观察 10min，如无异常则继续提升至其高度能使拼装船退出。迅速将拼装船向下游方向退出，接着将底节围堰徐徐平稳地放入水中，然后将围堰底部和顶部所有拉缆收紧，以保持围堰垂直。底节钢围堰起吊下水见图 4-31。

（5）围堰接高下沉及着床下沉

底节钢围堰起吊下水后，在围堰内对称注水使之保持垂直状态下沉，然后拼装接高，注水下沉和拼装接高作业交替进行，同时，围堰上层拉缆交替倒换上移，并实时调整拉缆受力状态。

围堰着床应尽量在水位低、流速小时进行。围堰定位后，应加速注水，尽快着床，进入稳定深度后方可解除下层拉缆。着床后，围堰接高、对称注水或填充混凝土、吸泥助沉交替进行，直至围堰刃脚达到设计基底高程。吸泥的同时堰内补水，保持堰内外水位。

图 4-30 底节钢围堰拼装

图 4-31 底节钢围堰起吊下水

按设计方案安装内撑(如有),内撑不得影响后续桩基、承台和墩身施工。

(6)清基封底

封底混凝土浇筑前,在围堰外侧四周抛填土袋、砂包,整平基底。封底混凝土的导管间距应不大于5m。

(7)围堰拆除

桩基、承台、墩身完工后,向围堰内注水,按从上到下、先内撑(如有)再侧板顺序依次拆除。

第三节 围堰施工安全风险分析

围堰施工过程中,存在的一般安全风险主要有物体打击、车辆伤害、机械伤害、触电、高处坠落等;特有安全风险主要有围堰坍塌、淹溺、起重伤害、施工船舶倾覆。

(1)围堰坍塌:围堰结构设计存在缺陷,围堰制造及安装质量不合格,套箱围堰吊挂、下放不同步,双壁钢围堰隔舱注水不均匀,船只碰撞等造成的围堰倾覆、坍塌。

(2)淹溺:临边安全防护及防滑措施不到位,人员违章作业,潜水设备失效等引起的淹溺事故。

(3)起重伤害:起重作业中,吊物脱钩砸人、钢丝绳断裂伤人、吊物移动时撞人以及起重设备倾覆等。

(4)施工船舶倾覆:施工船舶相互碰撞,其他船舶兴波冲击,触碰礁石、航标、平台等,遭受较强风暴袭击,超载或偏载,操作不当等造成的施工船舶倾覆、损坏或沉没。

第四节 围堰施工安全控制要点

围堰施工安全控制要点如下:

(1)围堰施工涉及的工种主要有架子工、模板工、混凝土工、电工、焊割工、测量工、潜水员、设备操作司机等,其中架子工、电工、焊割工、潜水员等特殊工种及起重机械作业人员须持证上岗。

(2)作业人员应结合各自岗位及作业环境,正确佩戴、使用劳动防护用品。潜水员作业时应佩戴专用防护用品,水上作业人员必须穿戴救生衣、系挂安全带。

(3)水上钢围堰施工应设置防撞桩、航行警示标志、航标灯及警戒船,潜水区域应有明显标志和指示灯,禁止无关船舶进入潜水区(图4-32)。汛期应有防洪措施。

(4)水上作业船舶应配备消防、通信、救生及堵漏等应急设备、材料。上下船舶应当搭设跳板,跳板下宜挂安全网;使用舷梯应当控制舷梯的升降速度,升降时舷梯上严禁站人,踏板应设置防滑装置。

(5)钢围堰就位后,应设置人行通道及人员上下安全通道,人行通道应满铺并设置防护栏杆。通道布置见图4-33。

图4-32 水上钢围堰施工周围防护

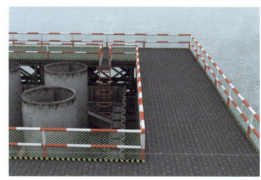
图4-33 通道布置

(6)施工现场夜间须设置符合施工需求的照明设备,光束不得直接照射工程船舶、机械操作和指挥人员,夜间潜水作业时,除潜水船、潜水平台应有照明外,还应安装照明度较大的灯具,照在潜水点的水面上。

(7)夜间作业的船只应按规定办理完备的手续,并且夜航、停泊标志灯及照明灯具配置齐全。

(8)潜水船应抛锚在潜水工作点上游,重装潜水员下水时应使用专用潜水爬梯。

(9)水下焊接或切割作业时,电路在水面部分应安装自动接触器或闸刀开关,由潜水指挥员监督看管。

(10)供给潜水员呼吸用的气源纯度须符合国家有关规定。一般采用压缩空气,不能采用纯氧。

(11)钢板桩、钢管桩起吊前,应检查有无裂缝、凹坑、扭曲变形等质量缺陷。

(12)在钢围堰内焊接时,应保证通风良好,防止有害气体超标。

(13)水面有超过4级风浪时,不得进行潜水作业。

(14)做好浮吊船锚系设备的检查、检修,确保锚系设备工作可靠,钢围堰锚碇设施应有专人负责维护,并根据水位变化及时调整锚索。

(15)围堰内作业时,对围堰构造物做好监测,并及时掌握水情变化信息,遇洪水、台风、风暴潮等极端情况,应立即撤出人员。

(16)当船舶发生溢油事故或可能发生溢油事故时,应及时向所属单位负责人报告,并立即启动应急机制。当本船无力清除水面溢油时,应立即请求有关单位援助。

(17)应与上游水库管理部门建立沟通机制,及时获取水库开闸放水或泄洪信息,并提前组织施工人员撤离受影响区域。

第五章 PART 5
承台施工

第一节 承台施工概述

一、承台定义

承台是在群桩顶部浇筑的钢筋混凝土平台,其作用是承受、分布由墩身传来的荷载。

二、承台分类

按照埋置方式不同,可将承台分为陆上承台和水中承台。陆上承台一般采用明挖基坑方式现浇施工;水中承台一般采用围堰法进行施工。

按照构造形式不同,可将承台分为高桩承台(图5-1)和低桩承台(图5-2)。低桩承台一般埋在土中或部分埋进土中;高桩承台一般露出地面或河床,常采用围堰施工。

图 5-1 高桩承台(水中承台)

图 5-2 低桩承台(陆上承台)

三、承台施工方法

承台的结构形式较为简单,一般采用组合钢模板或木模板一次或多次浇筑成型。

陆上承台可直接放坡开挖或采取支护措施后开挖;水中承台则应根据工程的结构特点和现场的实际情况选择适宜的围堰方式进行施工。不同土质放坡开挖坡度要求见表5-1。

各土质开挖基坑坑壁坡度　　表5-1

坑壁土类别	坡顶无荷载	坡顶有静荷载	坡顶有动荷载
砂类土	1∶1	1∶1.25	1∶1.5
卵石、砾类土	1∶0.75	1∶1	1∶1.25
粉质土、黏质土	1∶0.33	1∶0.5	1∶0.75
极软岩	1∶0.25	1∶0.33	1∶0.67
软质岩	1∶0	1∶0.1	1∶0.25
硬质岩	1∶0	1∶0	1∶0

第二节 承台施工工艺流程及要点

承台基坑是危险性较大的工程,开挖前需编制专项施工方案,对超过一定规模的,需要组织专家论证、审查。见表5-2。

危险性较大的工程(节选)　　　　表5-2

类别	须编制专项施工方案的工程项目	须专家论证、审查的工程项目
基坑开挖	(1)开挖深度不小于3m的基坑(槽)开挖、支护、降水工程; (2)深度小于3m但地质条件和周边环境复杂的基坑(槽)开挖、支护、降水工程	(1)深度不小于5m的基坑(槽)的土(石)方开挖、支护、降水; (2)开挖深度虽小于5m,但地质条件、周边环境和地下管线复杂,或影响毗邻建(构)筑物安全,或存在有毒有害气体分布的基坑(槽)的土方开挖、支护、降水工程

一、承台施工工艺流程

承台施工工艺流程见图5-3。

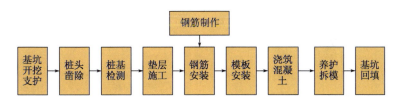

图5-3　承台施工工艺流程

二、承台施工工艺要点

1. 基坑开挖、支护

(1)基坑开挖前,测量基坑的平面位置或开挖边线,并确定基坑的开挖深度。

(2)基坑开挖以机械开挖为主,辅以人工配合找平。陆上承台可采用放坡开挖,如遇基坑坑壁不稳定且有地下水影响、放坡开挖场地受到限制等情况时,应采取相应的降水、支护措施后方可开挖。基坑降水方法及其适用性见表5-3。

基坑降水方法及其适用性　　　　表5-3

降水方法		适用地层	降水深度(m)	地下水类型
集水明排		黏土,砂土	<2	潜水、地表水
轻型井点		砂土,粉土,含薄层粉砂的淤泥质(粉质)黏土	3~12	潜水
喷射井点			<20	潜水、承压水
管井	疏干		不限	潜水
	减压	砂土,粉土	不限	承压水

(3)基坑顶面应设置拦水墙、截水沟等措施,防止地面水流入基坑。见图5-4。

(4)基坑顶有动荷载时,坑顶边与动荷载间应留有不小于1m宽的护道,如动荷载过大宜增宽护道或采用加固措施。

2. 桩头凿除

(1)桩头凿除作业前,灌注桩混凝土强度必须达到规范要求。

当采用低应变法或声波透射法检测时,受检桩混凝土强度不应低于设计强度的70%,且不应低于15MPa;当采用钻芯法检测时,受检桩的混凝土龄期应达到28d,或受检桩同条件养护试件强度应达到设计强度要求。

(2)250mm < 桩直径 D < 800mm 的中等直径桩嵌入承台内的桩长不宜小于50mm;大直径桩,桩嵌入承台内的桩长度不宜小于100mm。

(3)桩头采用人工配合机械方式凿除,把桩头弯曲的钢筋调直顺并向外弯。

(4)承台施工前按环切法破除桩头,桩顶的混凝土面按水平施工缝的要求凿毛,桩头预留钢筋上的泥土及鳞锈等应清理干净(图5-5)。

图5-4 基坑顶防排水　　　　　　图5-5 桩头环切效果

3. 桩基检测

公路工程桥梁桩基检测一般采用低应变法和声波透射法,对检测结果有疑问时可采用钻芯法进行验证。

4. 垫层施工

承台垫层施工前应对其基底进行清理,垫层多采用水泥砂浆或混凝土浇筑。

5. 钢筋制安

(1)按设计承台钢筋布置图安装钢筋。底层钢筋,一般先铺短向钢筋,后铺长向钢筋;侧面钢筋,先绑竖向筋,再绑横向筋;顶层钢筋绑扎前,应再次对承台的平面位置及高程进行复核,绑扎工艺同底层钢筋。

(2)承台底面、侧面钢筋皆须安装垫块,每平方米垫块数量应不少于3个,绑扎垫块的铁丝丝头不得伸入保护层内。

(3)墩台钢筋预埋后,应采取措施保证外露竖向钢筋垂直。

6. 模板安装

(1)承台模板安装前应将表面清除干净并均匀涂刷脱模剂。模板安装时,模板之间应密贴,确保混凝土浇筑时不出现漏浆现象。

(2)承台模板加固一般采用内设拉杆(图5-6)、外设支撑(图5-7)的方式,以保证模板系统的稳定性。

图5-6　模板内拉杆加固

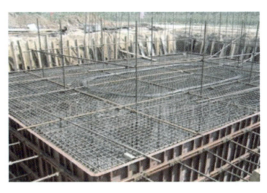
图5-7　模板外支撑加固

(3)模板安装完毕后,应对其平面位置、顶部高程、节点联系及纵横向稳定性进行检查,签认后方可浇筑混凝土。承台施工质量标准见表5-4。

承台施工质量标准　　　　　　　　　表5-4

项　　目		规定值或允许偏差
轴线偏位(mm)		15
尺寸(mm)	B≤30m	±30
	B>30m	±B/1000
顶面高程(m)		±0.02

7. 混凝土浇筑

(1)承台混凝土施工多采用溜槽或混凝土输送泵灌注,浇筑时混凝土自由倾落高度不得大于2m。

(2)大体积承台混凝土施工前应编制专项施工方案,浇筑时应分层进行,并采用温度控制措施。混凝土分层浇筑厚度应根据所用振捣器的作业深度及混凝土的和易性确定,整体连续浇筑时宜为30~50cm。

8. 养护、拆模

(1)混凝土浇筑完成后,应及时对混凝土裸露面进行修整、抹平,混凝土初凝后,宜立即进行喷雾养护并覆盖土工布或塑料薄膜(图5-8),以保持混凝土表面湿润,养护期不少于14d。

(2)承台模板应在混凝土强度能保证其表面及棱角不致因拆模而受损坏时方可拆除,一般要求抗压强度≥2.5MPa。

9. 基坑回填

拆模后,应及时对承台基坑进行原状土回填,并分层压实,回填土顶面应和承台顶面齐平或略高于承台顶面。

水中承台施工除围堰安装外,其他工艺与陆上承台基本相同,水中承台施工工艺流程见图5-9。

图 5-8　承台塑料薄膜覆盖养护

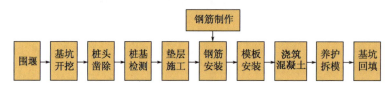

图 5-9　水中承台施工工艺流程

第三节　承台施工安全风险分析

承台施工过程中,存在的一般安全风险主要有物体打击、车辆伤害、机械伤害、触电、淹溺;特有安全风险主要有基坑坍塌、起重伤害、高处坠落及爆模。

(1)基坑坍塌:基坑边坡土体承载力不足、地表及地下水渗流作用、坡顶堆载过大、基坑放坡过陡或支护结构强度不足等导致边坡失稳、基坑坍塌。

(2)起重伤害:起重作业中,吊物脱钩砸人、钢丝绳断裂伤人、吊物移动时撞人以及起重设备倾覆造成人员伤害等。

(3)高处坠落:基坑四周未设置护栏及明显的警示标志、夜间未悬挂示警红灯、无专人值守等引起的人员坠落事故。

(4)爆模:模板加固措施失效、连接模板的螺栓数量或强度不足、螺栓未有效紧固、对拉杆直径不符合要求、布设数量不足、混凝土浇筑过快等原因导致的爆模事故。

第四节　承台施工安全控制要点

承台施工安全控制要点如下:

(1)承台施工作业涉及的工种主要有模板工、钢筋工、混凝土工、电工、电焊工、设备操作司机、测量工等,其中架子工、电工、电焊工、起重机械司机、起重信号司索工等属于特殊工种作业人员,须持证上岗。

（2）采取挖土机械开挖基坑，坑内不得有人作业。必须留人在坑内操作时，挖土机械应暂停工作。

（3）基坑开挖深度超过2m时，必须设有临边防护栏杆，挂过塑钢丝网；栏杆宜采用钢管制作，并涂刷红白或黄黑相间的反光漆（图5-10）。

图 5-10　基坑临边防护

（4）承台施工中，应加强对基坑位移、围护结构变形及周边建筑物沉降等现象的观测，确保基坑施工安全。

（5）对拉杆的规格、间距应满足施工方案要求。混凝土浇筑前及浇筑过程中，应经常检查连接螺栓，保证无松动。

（6）浇筑承台混凝土时，不得直接站在模板、钢筋上操作。

（7）夜间施工应有足够的照明；在人员上下及运输过道处，均应设置足够的照明设施。

（8）承台周边应设有排水沟，基坑底应设排水沟和集水抽水坑。

（9）承台基坑应设有爬梯，方便作业工人上下和应急逃生的通道。

第六章 PART 6
墩台施工

第一节 墩台施工概述

一、墩台定义及分类

1. 墩台定义

墩台是桥墩和桥台的合称,是支承桥梁上部结构的构筑物。

桥墩是多孔桥梁中,处于相邻桥孔之间支承上部结构的构造物。

桥台位于桥梁两端,与路基相连接,除支承上部结构外,还要承受桥头填土侧压力。

2. 墩台分类

桥墩按构造不同可分为实心墩、空心墩、柱式墩和框架墩等(图6-1~图6-4)。

图6-1 实心墩

图6-2 空心墩

图6-3 柱式墩

图6-4 框架墩

桥台通常可以分为重力式桥台、轻型桥台以及拱桥桥台等类型(图6-5~图6-7)。

二、墩台常用施工方法

1. 组合钢模板

对于结构形式较简单,高度不大的墩(台)身,一般采用组合型钢模板一次或几次现浇施工。组合型钢模板(图6-8)由钢模板和配件两大部分组成,其中配件指的是模板的连接件和支承件,可事先按设计要求定制,在墩位直接拼装或在地面拼装后整体吊装使用。

图6-5　重力式桥台

图6-6　轻型桥台

图6-7　拱桥桥台

图6-8　组合钢模

2. 翻升模板

对于高墩及斜拉桥、悬索桥的索塔,多采用翻升模板、爬升模板或滑升模板施工,其共同特点是:模板依附于浇注完成的墩壁上,随着墩身的逐步加高而向上升高。

翻升模板由模板系统、翻升系统和操作平台系统组成,三层模板组成一个基本单元。浇筑完上层模板的混凝土后,将最下层模板拆除翻上来并成为第四层模板。以此类推,循环施工。见图6-9。

图6-9　翻升模板

3. 爬升模板

爬升模板(图6-10)由模板系统、架体与操作平台系统、液压爬升系统及电气控制系统组成。

利用墩壁中预埋件的支撑作用,通过导轨和爬架交替顶升完成模板就位,再灌筑墩身混凝土。如此循环往复,逐节爬升。

4. 滑升模板

滑升模板(图6-11)一般由工作平台、内外模板、工作吊篮和提升设备等组成。是预先在墩身混凝土结构中埋置顶杆,利用千斤顶与提升架将滑升模板的全部施工荷载转至支承杆上,待混凝土具备规定强度后,通过自身液压提升系统将整个装置沿支承杆上滑,模板定位后又继续浇筑混凝土并不断循环的一种施工工艺。

图6-10 爬升模板

图6-11 滑升模板

公路桥梁高墩施工时,常根据墩柱截面特点、质量及工期要求,结合三类模板的优缺点及适用条件选择最优的施工工艺。墩台模板优缺点及适用范围见表6-1。

模板优缺点及适用范围 表6-1

序列	分类	优点	缺点	适用范围
1	翻升模板	由于采用整体大块模板,并且脱模时间有保证,所以实体及外观质量好,施工缝易于处理	施工进度相对较慢;一般需要塔吊大型吊装设备配合	适用于等截面或变截面的实体或薄壁空心墩等,范围较广
2	爬升模板	由于采用整体大块模板,并且脱模时间有保证,所以实体及外观质量好、施工缝易于处理	投入较大;施工进度相对较慢;墩身养护不方便	适应于浇筑钢筋混凝土竖直或倾斜结构;适用于墙体、桥梁墩柱、索塔塔柱等,范围较广
3	滑升模板	施工速度快,安全度高	投入较大;施工质量和外观质量相对较差;墩身垂直度难控制;墩身养护不方便	适用于结构物结构形式单一、断面变化少、无局部凸出物及其他预埋件等物体,应用范围较为狭窄

第二节 墩台施工工艺流程及要点

墩台施工中滑模、爬模、翻模等各类工具式模板工程属于危险性较大的分部分项工程,须编制专项施工方案,达到一定规模还需专家论证、审查见表6-2。

危险性较大的工程(节选)　　表6-2

类　别	须编制专项施工方案的工程项目	须专家论证、审查的工程项目
基坑开挖	各类工具式模板工程	(1)高度不小于40m墩柱、高度不小于100m索塔的滑模、爬模、翻模工程; (2)在三级及以上通航等级的航道上进行的水上水下施工

一、墩台施工工艺流程

墩台施工工艺流程见图6-12。

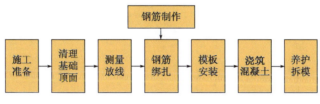

图6-12　墩台施工工艺流程

二、墩台施工工艺要点

1.测量放线

模板组装前,应在基础顶面放出墩、台中线及轮廓线。

墩、台身施工过程中,应实时对其竖直度、顶面高程、轴线偏位等项目进行检查,一般用到的测量仪器有全站仪、水准仪、激光垂直仪和垂球等。墩、台身实测项目检查见表6-3。

墩、台身实测项目检查表　　表6-3

项　次	检 查 项 目	规定值或允许偏差
1	竖直度或斜度(mm)	$0.3\%H$ 且不大于20
2	顶面高程(m)	±0.01
3	轴线偏位(mm)	10

注:H为墩、台身高度。

2.钢筋绑扎

墩、台身钢筋多采用现场绑扎,也有吊装钢筋骨架现场连接的绑扎方式。

墩、台身竖向主筋可采用搭接焊连接或机械(套筒)连接,水平筋宜采用绑扎连接。钢筋接头面积百分率不应大于50%。对于高度大于15m以上的桥墩,在钢筋安装时宜设置劲性骨架(图6-13)。

浇筑前,应对安装好的钢筋、预埋件及混凝土保护层垫块进行检查。

3. 模板安装

模板安装前应清除表面灰浆污垢,并涂刷脱模剂。

(1)翻升模板施工时,先将最下层模板分块对称进行解体,然后提升、模板处理、吊升至安装位置。

(2)爬升模板施工时,待混凝土达出模强度,进行脱模、导轨爬升,爬架爬升,模板随爬架爬升到安装位置后,通过纵、横向模板滑动调节系统完成模板的安装、固定。

(3)滑升模板施工时,控制好混凝土出模强度是滑模施工的关键技术,一般混凝土的出模强度控制在 $0.2 \sim 0.4$ MPa 或贯入力为 $0.3 \sim 1.05$ kN/cm^2。现场可根据经验法来确定混凝土的出模强度,即用大拇指去摁混凝土表面,有轻微痕迹,但不下陷。在正常滑升阶段,混凝土浇筑高度与模板提升高度应保持一致,混凝土由模板的上口分层向套槽内浇灌,层厚一般不超过 30cm,滑升速度宜为 $100 \sim 300$ mm/h。

4. 浇筑混凝土

高墩混凝土一般遵循"三低、二掺、一高"设计准则生产,即低砂率、低坍落度、低水胶比、掺高效减水剂和高性能引气剂、高粉煤灰掺量。

采用混凝土输送泵或吊车、塔吊起吊料斗投料,混凝土应分层均匀对称灌注;多段浇筑时,混凝土顶面要与模板上口保持一定距离;使用插入式振捣器进行分层振捣。

5. 养护

(1)一般混凝土浇筑完成后,应在收浆后尽快、及早予以覆盖和洒水养护。当气温低于 5℃时,应覆盖保温,不得向混凝土面上洒水。

(2)采用塑料薄膜养护层时,其敞露的全部表面应覆盖严密,并应保持塑料薄膜内有凝结水,见图 6-14。

图 6-13　劲性骨架　　　　　　图 6-14　墩身养护

(3)混凝土强度达到 2.5MPa 前,不得使其承受行人、小型工器具等荷载。

(4)养护期不少于 14d。

6. 拆模

混凝土达到拆模强度时,总体按照"后支的先拆、先支的后拆"的原则拆除模板。

翻升模板拆除顺序为对拉杆、螺栓、模板及工作平台。

爬升模板拆除顺序为:模板、后移支架、导轨、液压装置、主平台。

滑升模板拆除顺序:吊平台、液压系统、模板、操作平台、提升架。

第三节　墩台施工安全风险分析

墩台施工中存在的一般安全风险有物体打击、触电、机械伤害、车辆伤害、淹溺等。根据墩台施工的工艺及高处作业特点,还存在钢筋倾覆、爆模垮塌、起重伤害、高处坠落、火灾等特有风险。

(1)钢筋倾覆:墩身钢筋架体因外力冲击、自身稳定性不足、防倾覆措施不到位等造成的架体失稳、倾覆。

(2)爆模垮塌:模板加固措施失效、混凝土浇筑过快、防倾覆措施不到位等原因导致模板失稳、垮塌。

(3)起重伤害:起重作业中,吊物脱钩砸人、钢丝绳断裂伤人、吊物移动时撞人以及起重设备倾覆等。

(4)高处坠落:在施工现场高处作业中,因未防护,防护不到位或作业不当导致的作业人员或施工机具、杆件等的坠落。

(5)火灾:墩身施工过程中发生易燃物着火失控或引起施工场地周边区域发生火灾。

第四节　墩台施工安全控制要点

墩台施工安全控制要点如下:

(1)墩台施工作业涉及的工种有架子工、钢筋工、模板工、混凝土工、电工、电焊工、设备操作司机、测量工等工种,其中电工、电焊工、架子工等特殊工种及起重设备、施工电梯等操作司机须持证上岗。

(2)高处作业时不得同时上下交叉重叠进行;操作工具应放在工具袋内。

(3)安装钢筋时,严禁作业人员攀爬或站立在骨架上作业;严禁随意向下投掷工具、杂物;不得攀爬拉杆、架体及防护栏杆等。

(4)墩台身钢筋施工时分节高度不宜大于9m,墩柱钢筋笼设立完成后,8~12m设置一道风缆,每增加10m高度增设一道风缆,钩挂在环向加强筋上,后续工序中转移到模板相近高度。风缆设置见图6-15。

(5)翻模、爬模的安装、爬升和移动不得在夜间进行,滑模夜间施工时应保证工作面照明充分。

(6)爬模爬升时除操作人员外,其他人员一律离开,爬升到位后其他作业方可进行。

(7)爬模爬升时,混凝土强度必须达到15MPa以上;爬升到位后,要及时插上悬挂插销及限位安全销。见图6-16。

(8)滑模滑升定位后,对支承杆、提升设备、作业平台和模板的安全性能进行检查,确保每次模板竖直均衡滑升;支承杆接长时相邻的接头应相互错开,在同一高程上的接头数量不超过25%,以防接点过分集中而削弱滑模结构的支承能力。

(9)模板安装就位后,应立即固定。固定未完成前,不得升降或移动吊钩。

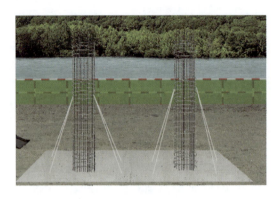
图 6-15　风缆布置示意图

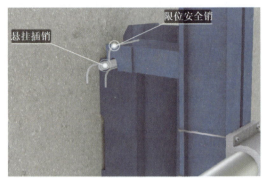
图 6-16　悬挂插销及限位安全销示意图

（10）翻模、爬模、滑模等工作平台上还应对称均匀放置设备、材料。

（11）作业平台上应储放一定数量的救生绳索、安全带等应急物资，水上作业时还应配备救生圈、救生衣等，严禁超荷载或偏压堆放钢筋、模板等物料。

（12）液压提升设备必须专人负责维护使用，无关人员不得擅自操作。

（13）滑模施工平台需封闭，底部设置防坠安全网；滑升施工因故中断时，应采取下列停滑措施：

①混凝土应浇灌到同一水平面上。

②模板每隔一定时间提升一个千斤顶行程，直至模板与混凝土不再粘接为止，但模板的最大滑空量，不得大于模板全高的1/2。

③继续施工时，应对液压系统进行检查。

（14）对于模板连接的螺栓、对拉杆应经常检查，保证无松动，不得漏装、漏拧。

（15）采用泵送混凝土浇灌时，严禁泵管与模板系统连接；采用吊斗灌注混凝土时，严禁吊斗碰撞模板系统。

（16）混凝土浇筑的速度应按施工方案要求进行，防止爆模；浇筑过程中应设专人检查支架、模板、对拉杆和预埋件等稳固情况，当发现有松动、变形、移位时，应及时处理。

（17）模板提升安装、拆卸，作业人员必须使用安全带，同时使用防坠器。模板拆除时严禁硬撬、违规使用起吊设备硬拉、硬拽。

（18）塔吊必须每天检查基础，检查起重量限制器、起重力矩限制器、行程限位装置等安全装置，保证基础连接牢靠、设备灵敏有效；作业结束、临时停机或中途停电时，应放松抱闸，将重物缓慢放置地面，禁止将重物悬吊在空中。

（19）起重机工作时，臂架、钢丝绳、吊具及载荷等与输电线的最小距离规定要求见表6-4。

起重设备与架空线路边线的最小安全距离　　表6-4

所沿方向	电压（kV）						
	<1	10	35	110	220	330	500
沿垂直方向（m）	1.5	3	4	5	6	7	8.5
沿水平方向（m）	1.5	2	3.5	4	6	7	8.5

第七章 PART 7
系梁、盖梁施工

第一节　系梁、盖梁施工概述

一、系梁、盖梁定义

（1）系梁（图7-1、图7-2）是指将两根桩或墩连成整体起拉杆作用的横梁，其作用是改善桩或墩的受力结构，加强其整体结构刚度。

图7-1　桩系梁　　　　　　　　　　图7-2　柱系梁

（2）盖梁（图7-3）是指柱式墩墩顶联结各墩柱的横梁，其作用是支承、分布和传递上部结构的荷载。

图7-3　盖梁

二、系梁、盖梁分类

系梁按所处位置不同，分为桩系梁（底系梁）和柱系梁（中系梁）。

盖梁按施工方式不同，可分为预制盖梁和现浇盖梁；按有无预应力，可分为预应力盖梁和普通盖梁。

三、系梁、盖梁施工方法

系梁、盖梁按支架搭设方法分为落地支架法、钢抱箍法、穿心棒法和预埋钢板法等。各施工方法优缺点、适用情况见表7-1。

系梁、盖梁施工方法优缺点、适用情况表 表7-1

施工方法	优 点	缺 点	适 用 情 况
支架现浇法	设备简单、地基处理简单	模板支架消耗量大,工期长,墩高不宜太高	墩高较低的系梁、盖梁施工
钢抱箍支架法	操作简单,节省支架,需要人员少	施工中不利因素多,施工检算时要充分考虑	圆形墩系梁、盖梁施工
穿心棒支架法	施工场地不受限制	墩柱预留孔道影响墩柱外观	高墩大体积盖梁施工
预埋钢板法	施工场地不受限制	预埋钢板影响墩柱外观、焊接要求高	矩形高墩系梁、盖梁施工

(1)落地支架法(图7-4)是采用满堂脚手架或钢管立柱作为支撑的施工方法,适用于15m及以下高度且地基处理比较简单的系梁、盖梁施工。

(2)钢抱箍法(图7-5)是墩柱上安装圆形钢抱箍,抱箍上安装支架,施工荷载通过承重梁传递至抱箍,利用抱箍与墩柱的摩擦力传递至墩柱的施工方法。

图7-4 落地支架法

图7-5 钢抱箍法

(3)穿心棒法(图7-6)是采用在墩柱预留孔上穿钢棒形成支撑的施工方法。

(4)预埋钢板法(图7-7)是采用在墩身预埋钢板上焊接牛腿安装支架的施工方法。

图7-6 穿心棒法

图7-7 预埋钢板法

第二节　系梁、盖梁施工工艺流程及要点

系梁、盖梁支架搭设属于桥梁施工中危险性较大的分部分项工程，施工前须编制专项施工方案，超过一定规模的须组织专家论证、审查。见表7-2。

危险性较大的工程（节选）　　　　　　　　　　　　表7-2

类　别	须编制专项施工方案的工程项目	须专家论证、审查的工程项目
大型临时工程	(1)支架高度不小于5m；跨度不小于10m，施工总荷载不小于10kN/m²；集中线荷载不小于15kN/m； (2)搭设高度24m及以上的落地式钢管脚手架工程；悬挑式脚手架工程、吊篮脚手架工程；新型及异型脚手架工程	支架高度不小于8m；跨度不小于18m，施工总荷载不小于15kN/m²；集中线荷载不小于20kN/m

一、系梁、盖梁施工工艺流程

系梁、盖梁施工工艺流程见图7-8。

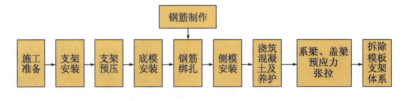

图7-8　系梁、盖梁施工工艺流程

二、系梁、盖梁施工工艺要点

1. 支架体系安装

（1）落地支架法

支架搭设前须进行地基处理，经检测承载力符合要求后方可进行支架搭设。

满堂式支架按垫板、扫地杆（如有）、立杆、横杆、斜撑、剪刀撑的顺序依次搭设，各杆件间距应满足方案、规范要求，调整顶托高程后铺设承重梁、分配梁。

梁柱式支架按照钢管立柱、横撑、剪刀撑、砂箱、承重梁、分配梁的顺序搭设。

（2）钢抱箍法支架搭设

钢抱箍由两个半圆形钢板拴接而成，加工时，钢抱箍内径宜比墩身直径大1~2cm，内侧须安装橡胶垫，抱箍焊缝应焊接饱满。见图7-9、图7-10。

抱箍在墩柱试拼后，吊装就位并紧固，安装机械千斤顶（砂箱），横桥向安放承重梁，纵桥向布设分配梁。

抱箍吊装时两部分宜同时吊装；抱箍紧固时应采用力矩扳手分次对高强螺栓进行平行紧固。抱箍安装完成后应在抱箍下方墩柱上做好标志，以便观测是否下沉。

图 7-9 钢抱箍

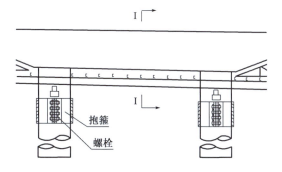
图 7-10 钢抱箍细部结构

（3）穿心棒法支架搭设

浇筑墩柱混凝土前，在墩柱内穿心棒位置预埋 PVC 管或钢管形成预留孔。墩柱混凝土达到设计强度后，在孔内穿入钢棒，随之安装钢板盒，随后在钢板盒上依次安装机械千斤顶（砂箱）、承重梁、分配梁和调节桁架（盖梁）穿心棒法结构件见图 7-11、图 7-12。

图 7-11 穿心棒

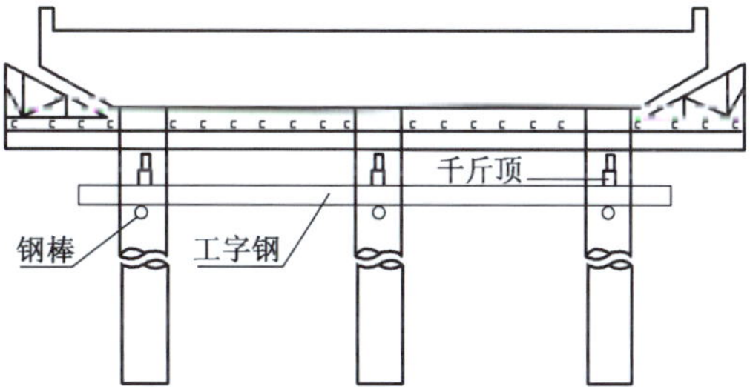

图 7-12 穿心棒细部结构

（4）预埋钢板法支架搭设

在墩柱相应位置预埋钢板，待墩柱混凝土达到设计强度后在预埋钢板上焊接牛腿，在牛腿上依次安装机械千斤顶（砂箱）、承重梁、分配梁和调节桁架（盖梁）。见图 7-13、图 7-14。

图 7-13 预埋钢板

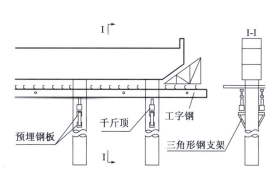
图 7-14 预埋钢板细部结构

2. 支架预压

支架搭设完成后应进行支架预压,以检验支架的承载力,降低支架非弹性变形。预压质量为支架需承受全部荷载的 1.05~1.1 倍。

3. 底模安装、钢筋绑扎及侧模安装

系梁、盖梁一般采用组合钢模板或木模板。模板安装完成后,对平面尺寸及高程进行复测。

钢筋绑扎可采用现场绑扎或制作成钢筋骨架整体吊装的方式,预应力盖梁须在钢筋安装过程中同步安装预应力管道。盖梁钢筋绑扎时,须对各预埋件位置进行精确定位。

4. 混凝土浇筑、养护

系梁、盖梁混凝土浇筑应分层对称进行,并及时振捣。浇筑过程中应派专人检查模板、支架稳定情况。

混凝土浇筑完成,应在收浆后尽快覆盖和洒水养护;当气温低于 5℃ 时,应覆盖保温,不得向混凝土面上洒水。

5. 侧模拆除

系梁、盖梁混凝土强度达到 2.5MPa 时可拆除侧模,侧模拆除后须对敞露混凝土面进行覆盖养护。

6. 盖梁预应力张拉、压浆

混凝土强度、弹性模量(或龄期)满足要求后方可进行预应力和钢筋张拉。张拉采用双指标控制,以张拉力为主,伸长值校核。张拉完成后及时压浆、封锚。

预应力筋张拉锚固后,孔道压浆应在 48h 内完成。

压浆完成后,应及时对预应力筋、锚具做防锈、防腐处理后封锚。

7. 底模及支架拆除

底模及支架在混凝土强度满足要求、张拉压浆(如有)完成后方可拆除。底模和支架拆除时,按照后支先拆,先支后拆的顺序依次进行。

第三节　系梁、盖梁施工安全风险分析

系梁、盖梁施工中存在的一般安全风险有物体打击、触电、车辆伤害、淹溺、火灾等。特有风险主要有支架垮塌、起重伤害、机械伤害、高处坠落等。

(1)支架垮塌:支架因外力冲击、自身稳定性不足、混凝土浇筑方法不当等造成的架体失稳、倾覆。

(2)起重伤害:起重作业中,吊物脱钩砸人、钢丝绳断裂伤人、吊物移动时撞人以及起重设备倾覆等。

(3)机械伤害:张拉作业时钢绞线、夹片弹出伤人。

(4)高处坠落:高处作业时,因临边防护或个人防护不到位导致的作业人员坠落。

第四节　系梁、盖梁施工安全控制要点

（1）系梁、盖梁施工涉及的工种主要有架子工、电工、电焊工、钢筋工、模板工、混凝土工、张拉工、设备操作司机、测量工等工种,其中架子工、电工、电焊工等特种作业人员及起重机械、电梯等操作司机须持证上岗。

（2）支架安拆时应设置警戒区,张挂警示标志,禁止无关人员进入危险区。

（3）作业平台应设临边防护,上下作业平台须设置专用通道。施工作业必须搭设作业平台,宽度不应小于50cm。作业平台满铺脚手板并用铁丝绑扎牢固,现场脚手板、斜道板、作业平台应设置防滑措施。上下桥通道见图7-15。

（4）水中作业平台上应储放一定数量的救生绳索、安全带等应急物资;水上作业时还应配备救生圈、救生衣等。

（5）支架平台上严禁集中堆码材料,临时设施上严禁超荷载堆放钢筋、模板等物料。

（6）钢筋骨架整体吊装时须采用多点吊装,防止钢筋骨架在吊装时变形、垮塌。见图7-16。

图7-15　上下桥通道　　　　　　　　图7-16　盖梁钢筋吊装

（7）夜间施工时,现场必须提供充足照明;在人员上下及运输通道处,均应设置固定的照明设施。

（8）严禁随意向下投掷工具、杂物;不得攀爬支撑、架体及防护栏杆。

（9）高处作业时不得同时上下交叉进行,操作工具应放在工具袋内。

（10）预应力筋张拉时,在千斤顶的端部不得站人,以防预应力筋断裂、夹片飞出、张拉设备出现故障伤人;压浆时,作业人员应站在侧面。

（11）用于模板连接的螺栓、对拉杆应经常检查,保证无松动,不得漏装、漏拧。

（12）抱箍螺栓应不少于设计数量,用扭力应符合设计值,建议用双螺母,拆卸抱箍时,应用手拉葫芦或防坠钢丝绳作防护,防止快速坠落。

（13）塔吊必须按要求进行安全检查,每天检查基础,检查回转限位器、起重量限制器、行程限位装置、起重力矩限制器等安全装置(图7-17~图7-20),保证基础连接牢靠、设备灵敏有效,作业结束、临时停机或中途停电时,应放松抱闸,将重物缓慢放置地面,禁止将重物悬吊在空中。

图 7-17　塔吊回转限位器

图 7-18　塔吊起重量限位器

图 7-19　塔吊行程限位装置

图 7-20　塔吊力矩限位器

（14）起重机工作时，臂架、钢丝绳、吊具及载荷等，与输电线的最小距离应满足相应规程要求。见表 7-3。

起重设备与架空线路边线的最小安全距离　　　　　表 7-3

安全距离(m)	电压(kV)						
	<1	10	35	110	220	330	500
沿垂直方向	1.5	3	4	5	6	7	8.5
沿水平方向	1.5	2	3.5	4	6	7	8.5

第八章 PART 8
梁板预制施工

第一节　梁板预制施工概述

预制梁是在工厂内进行预制,运至指定位置,再采用架桥机、门吊等专用设备进行安装的混凝土构件。

桥梁工程采用预制法施工具有进度快、质量易把控等优点。

预制梁根据截面形式可分为箱型梁、T型梁、I型梁、空心板(图8-1)。按预应力张拉与混凝土浇筑的先后顺序可分为后张法和先张法。

a)箱型梁

b)T型梁

c)I型梁

d)空心板

图8-1　预制梁分类

后张法是先浇筑混凝土,待达到设计强度后再张拉预应力筋以形成预应力梁体的施工方法。后张法施工具有不受施工环境限制、无须专用张拉台座、安全风险较小等优点,但也存在需设置预应力孔道、锚具用量大、成本较高等缺点。

先张法是先在专用台座上张拉预应力筋,然后浇筑混凝土以形成预应力梁体的施工方法。先张法施工具有无须制孔,锚具、夹具、连接器可重复利用等优点;其缺点是须专用张拉台座,安全风险较大。张拉台座需具有足够的强度、刚度、稳定性,抗倾覆安全系数不应小于1.5,抗滑系数不应小于1.3;锚固横梁受力后挠度应不大于2mm。张拉台座见图8-2、图8-3。

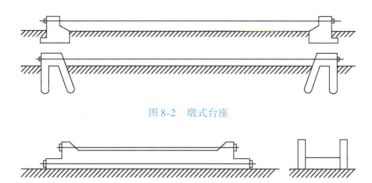

图 8-2　墩式台座

图 8-3　槽式台座

预制场宜设置在桥梁相对集中地段,选址要求地势平坦、水电及交通便利、靠近料源地、临时工程量少。场地面积应考虑施工速度及存梁数量的要求,且必须经过硬化。预制场内主要配备的设备有：龙门吊、提梁机、混凝土拌和站、混凝土运输车、钢筋弯曲机、调直机、切断机、电焊机、张拉千斤顶及油泵、自动压浆机、蒸汽锅炉等。

第二节　梁板预制工艺流程及要点

预制梁板施工属危险性较大的工程,须编制专项施工方案,其中龙门吊安拆、梁体吊移等方案还须专家论证、审查。见表 8-1。

危险性较大的分部分项工程（节选）　　　　　表 8-1

类　别	须编制专项施工方案的工程项目	须专家论证、审查的工程项目
桥涵工程	桥梁工程中的梁、拱、柱等构件施工	长度不小于 40m 的预制梁的运输与安装,钢箱梁吊装
起重吊装工程	(1)采用非常规起重设备、方法,且单件起吊质量在 10kN 及以上的起重吊装工程； (2)采用起重机械进行安装的工程； (3)起重机械设备自身的安装、拆卸	(1)采用非常规起重设备、方法,且单件起重质量在 100kN 及以上的起重吊装工程； (2)起吊设备在 300kN 及以上的起重设备安装、拆卸工程

一、后张法预应力梁

1. 后张法施工工艺流程

后张法施工工艺流程见图 8-4。

图 8-4　后张法施工工艺流程

2. 后张法施工工艺要点

(1)施工准备

施工前应清理模板,均匀涂刷脱模剂,在设计位置安装支座预埋钢板,检查模板预设反拱。

反拱应根据梁体徐变和施加预应力后梁体的上拱综合研究确定,一般设计方会提供相应参数。可按照公式 $y = h(1 - 4x^2/L^2)$ 对模板进行调整。其中 Y 为台座某点处的反拱值,h 为台座预设的最大反拱值(设计提供),x 为台座某点距离跨中的距离,L 为梁长。

(2)安装底腹板钢筋

钢筋下料应以自动弯曲设备为主,常规弯曲设备为辅。钢筋接长时可采用焊接或机械连接,连接接头应错开布置,在接头 35 倍钢筋直径区段内同一根钢筋不得有两个接头。采用电弧焊进行焊接时,双面焊缝的长度不应小于 5 倍钢筋直径,单面焊缝的长度不应小于 10 倍钢筋直径。

底腹板钢筋在钢筋胎架上进行绑扎(图 8-5),胎架一般由钢管、角钢、槽钢焊接而成,在设计位置开槽用以固定钢筋位置的工装。利用龙门吊辅以钢筋吊架进行吊装,吊架(图 8-6)是由钢管、角钢、槽钢焊接而成,按照一定间距设置吊点,用来吊装钢筋骨架的工装。钢筋骨架与模板之间设置梁体同等强度等级的混凝土垫块,垫块数量不少于 3 个$/m^2$。

图 8-5 钢筋胎架上绑扎钢筋

图 8-6 钢筋骨架吊架

(3)安装预应力管道

预应力孔道宜由浇筑在混凝土中的刚性或半刚性管道构成,或采用钢管抽芯、胶管抽芯及金属套管抽芯等方法进行预留。预应力管道安装时,须采用井字筋或 U 形筋进行安装定位(图 8-7、图 8-8),对于钢管定位筋间距不宜大于 1m,波纹管的定位筋间距不宜大于 0.8m,位于曲线上的管道和扁平波纹管应适当加密。预应力管道安装允许偏差见表 8-2。

图 8-7 波纹管井字形定位钢筋

图 8-8 波纹管 U 形定位钢筋

预应力管道安装的允许偏差 表8-2

序号	项目		允许偏差(mm)
1	管道坐标	梁长方向	30
		梁高方向	10
2	管道间距	同排	10
		上下层	10

波纹管成孔时接头处采用大一号波纹管进行连接,套接波纹管长度不应小于20cm,接缝处包裹严密防止漏浆,梁端采用透明胶带缠裹牢固。

橡胶抽拔管或钢管抽芯成孔时,抽芯时间应通过试验确定,一般以混凝土抗压强度达到0.4~0.8MPa时为宜,以防塌孔。

锚垫板应与端模连接牢固并采取防漏措施,与预应力孔道、锚下螺旋筋保持垂直、同心。

(4)安装模板

底模与制梁台座同时施工,制梁台座可采用槽钢包边(图8-9),槽口向外,槽内填塞橡胶管用以止漏。制梁台座基础应具有足够的强度、刚度和稳定性。底模采用大于6mm厚通长钢板进行拼装,钢板底部与台座预埋槽钢有效焊接,并保证平整、光洁。为便于提梁,应在底模及制梁台座设置活动段(图8-10),方便钢丝绳穿过。

图8-9 制梁台座槽钢包边示意图

图8-10 制梁台座活动段示意图

侧模采用定型钢模板,龙门吊分节安装,接头采用螺栓连接,接缝处采用双面胶带或密封胶条密封,防止漏浆。为了保证顶板预埋钢筋位置准确,采用梳型板定位。

箱梁的内模在拼装台座上整体拼装(图8-11),待底腹板钢筋骨架安装完毕后整体吊装就位。为防止混凝土浇筑过程中上浮,在内模安装就位后按3m间距设置压杠进行加固处理(图8-12)。

空心板梁内模一般采用充气胶囊,施工中采用环形筋与底板钢筋进行可靠连接防止混凝土浇筑过程中上浮。

(5)安装顶板钢筋

顶板钢筋可预先分块绑扎成型吊装入模(图8-13),也可在内模(箱梁、空心板)安装完成后现场绑扎(图8-14)。安装完成后在模板上口和下口应采取对拉措施保证模板及钢筋骨架的整体稳定性。

图 8-11 内模整体拼装

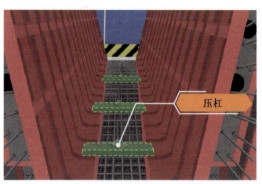

图 8-12 内模加固示意图

图 8-13 顶板钢筋整体吊装入模

图 8-14 顶板钢筋现场绑扎

梁端伸缩缝与边梁防护墙预埋钢筋可挂线施工,保持线型顺直,下部可与顶板钢筋进行点焊,保证浇筑过程不移位。

浇筑前应对预埋筋、预留孔、梁长、梁宽、模板反拱等进行检查确认,合格后方可进行下道工序施工。

(6)浇筑混凝土

梁体混凝土一般采用龙门吊提升下料斗进行浇筑。以"斜向分段、水平分层、连续浇筑、一次成型"为原则,按一定厚度、顺序和方向分层浇筑,分层厚度不得大于300mm。上层混凝土应在下层混凝土初凝或能重塑前完成浇筑。因故中断间歇时,其间歇时间应小于前一层混凝土的初凝时间。采用插入式与附着式相结合的方式进行振捣,附着式振捣器应间断开启,每次开启 20~30s,间隔 5s,重复开启 3~4 次。使用插入式振动器时,应快插慢拔,插入下层混凝土 50~100mm,避免振动棒碰撞模板、钢筋及其他预埋件。

(7)养护与拆模

夏季采用覆盖塑料薄膜、土工布洒水养护,洒水宜在混凝土临终凝前开始,养护时间不少于 14d;冬季室外昼夜平均气温连续 5d 稳定低于 5℃时,按进入冬期施工要求采用锅炉或电热蒸汽发生器进行蒸汽养护,在混凝土浇筑完毕 4h 后开始升温,升温、降温速度应符合表 8-3 要求。

加热养护混凝土的升温与降温速度（℃/h）　　表 8-3

序号	表面系数（m^{-1}）	升温速度	降温速度
1	≥6	15	10
2	<6	10	5

梁体混凝土强度达到要求后方可拆模，采用龙门吊与卷扬机配合进行模板拆除，先拆除端模、侧模及内模，张拉完毕再拆除横隔板底模。一般端模及侧模在混凝土强度达到 2.5MPa 后可拆除，内模在混凝土强度能够承受自重后方可拆除。

拆模后及时对梁端、横隔板、翼缘板表面进行凿毛处理，凿毛应在混凝土外缘 2~3cm 以内进行，使接触面露出 75% 以上新鲜混凝土表面。

（8）预应力筋安装及张拉

①预应力筋下料及安装。预应力筋下料一般采用砂轮机或液压钳进行切断。采用自动穿束机在浇筑混凝土之前或之后将预应力筋束穿入管道，穿束前应检查锚垫板和孔道，锚垫板应位置准确，孔道内应畅通、无水和其他杂物。采用蒸汽养护混凝土时，在养护完成之前不应安装预应力筋。

②预应力筋张拉。张拉前宜对不同类型的孔道进行至少一个孔道的磨阻测试，通过测试所确定的摩阻系数（μ）值和偏差系数（κ）值宜用于对设计张拉控制应力的修正。

张拉时梁体混凝土的强度和弹性模量应符合设计规定，设计未规定时强度不低于设计强度的 80%，弹性模量不低于 28d 弹性模量的 80%。

张拉顺序应符合设计要求，设计无要求时，采取分批、分阶段、两端对称张拉。张拉程序设计未规定时，应采用分级张拉。后张法应力张拉程序见表 8-4。

后张法预应力筋张拉程序　　表 8-4

锚具和预应力筋类别		张 拉 程 序
夹片式等具有自锚性能的锚具	钢绞线束、钢丝束	普通松弛预应力筋：0→初应力→1.03σ_{con}（锚固）
		低松弛预应力筋：0→初应力→σ_{con}（持荷5min锚固）

采用应力控制方法张拉时，以伸长值进行校核。实际伸长值与理论伸长值的差值应符合设计要求，一般控制在 ±6% 以内，否则应暂停张拉，待查明原因并采取调整措施后，方可继续。

（9）压浆及封锚

预应力筋张拉锚固后，孔道应尽早压浆，且应在 48h 内完成。压浆顺序自下而上，同一孔道的压浆应连续进行，一次完成。浆体自拌制至压入孔道的延续时间不宜超过 40min。压浆过程中及压浆后 48h 内，结构混凝土的温度不得低于 5℃，否则应采取保温措施。当气温高于 35℃ 时，压浆宜在夜间进行。当采用真空辅助压浆工艺时，应预抽真空，真空度维持在 -0.06~-0.10MPa 后立即进行。

压浆后，及时对预应力筋、锚具进行防锈、防腐处理。需要封锚的，对梁端混凝土凿毛并将其周围冲洗干净，设置钢筋网浇筑封锚混凝土。

（10）吊移、存梁

①在压浆强度达到设计强度的 80% 后方可进行梁体吊移。吊绳与起吊构件的交角小于 60° 时应设置吊架或起吊扁担；梁体吊移过程中，倒角处安放橡胶垫，防止钢丝绳损伤梁体。

②存梁台座应坚固稳定，台面离地高度不小于30cm，并附设相应的排水设施，以保证箱梁在存放期间不致因支点下沉受到损坏。

③箱梁可采用双层存梁，上下层存梁支垫位置应在同一垂直面内，两侧设防倾覆支撑，支撑应牢固。T梁禁止叠层存放，防倾覆支撑应置于翼板根部。空心板叠放不得超过3层。

二、先张法预应力梁

1. 先张法施工工艺流程

先张法施工工艺流程见图8-15。

图8-15　先张法施工工艺流程

2. 先张法施工工艺要点

（1）施工准备

张拉台座一般设置为墩式台座，台座由传力墩、台面、反力横梁组成，反力横梁主要有锚固横梁和活动横梁（图8-16），一般由型钢或钢板焊接而成，有足够的刚度和稳定性，受力后挠度不大于2mm。施工前应清理模板，均匀涂刷脱模剂，安装横梁及千斤顶，横梁应位置准确、保证水平。

a)先张法台座固定横梁

b)先张法台座活动横梁

图8-16　先张法张拉台座

（2）预应力筋安装及张拉

①预应力筋下料应考虑设计要求、台座长度、千斤顶及连接器长度、横梁宽度等因素，预应力筋为钢绞线和钢丝时应采用砂轮切割机进行切断，采用螺纹钢时可采用气割。按照设计失效长度及位置安装隔离套管，见图8-17。

②张拉时先用小千斤顶将预应力筋逐根张拉至初始应力，再使用大千斤顶顶推活动横梁分级张拉至设计应力。预应力筋张拉完毕，其位置与设计位置的偏差应不大于5mm，同时不应大于构件最短边的4%，且宜在4h内浇筑混凝土。其他工艺要点与后张法相同，先张法应力筋张拉程序见表8-5。

图 8-17　先张法隔离套管安装

先张法预应力筋张拉程序　　　　　　　　　　　表 8-5

预应力筋种类		张拉程序
钢丝、钢绞线	夹片式等具有自锚性能的锚具	普通松弛预应力筋:0→初应力→$1.03\sigma_{con}$(锚固) 低松弛预应力筋:0→初应力→σ_{con}(持荷 5min 锚固)
	其他锚具	0→初应力→$1.05\sigma_{con}$(持荷 5min)→0→σ_{con}(锚固)
螺纹钢筋		0→初应力→$1.05\sigma_{con}$(持荷 5min)→$0.9\sigma_{con}$→σ_{con}(锚固)

钢筋绑扎、模板安装、混凝土浇筑等工序与后张法相近,在此不重复介绍。

(3)放张

梁体混凝土强度和弹性模量达到设计要求后进行放张,设计无要求时,混凝土强度应不低于设计强度的 80%,弹性模量应不低于混凝土 28d 弹性模量的 80%。放张时使用千斤顶将预应力筋束拉至锚固螺母或夹片松动,持荷,将锚固螺母后移一段距离,然后千斤顶缓慢回油,依此程序多次进行,直至预应力筋束完全松弛。

放张顺序应分阶段、均匀、对称、相互交错进行。长线台座上预应力筋的切断顺序,应由放张端开始依次向另一端切断。

第三节　梁板预制施工安全风险分析

梁板预制施工中存在的一般安全风险有车辆伤害、物体打击、高处坠落、触电、火灾等,特有风险主要有机械伤害、起重伤害、压力容器爆炸、灼烫、梁体倾覆。

(1)机械伤害:张拉作业时钢绞线、锚具、夹片弹出伤人;钢筋加工过程中,操作失误造成机械伤人。

(2)起重伤害:起重作业中,吊物脱钩砸人、钢丝绳断裂伤人、吊物移动时撞人以及起重设备倾覆等。

(3)压力容器爆炸:蒸汽养护时锅炉及配套管道存在设备缺陷或操作失误造成的爆炸。

(4)灼烫:蒸汽养护时操作不当造成的烫伤。

(5)梁体倾覆:梁体存放时,台座不均匀沉降、支撑加固措施不到位造成梁体倾覆。

第四节　梁板预制施工安全控制要点

（1）梁板预制涉及的工种有模板工、电工、测量工、起重工、钢筋工、电焊工、混凝土工、锅炉工等，其中起重工、电工、电焊工、锅炉工等特种作业人员必须持证上岗。

（2）预制场选址应远离居民区，不能选在易发生滑坡、泥石流等地质灾害区域及高压电线下方。

（3）预制场地面应硬化处理，设置通畅的排水系统，并配置污水、粉尘处理设施。污水处理设置多级沉淀，通过沉淀过滤，达到排放标准。

（4）钢筋加工厂原材料及半成品堆放应整齐、稳固、规范、标识清楚，且不得侵占厂内道路或影响安全。

（5）水泥隔离垫板的刚度及稳定性应满足要求，袋装水泥应交错整齐码放，高度不得超过10袋，且不得靠墙。砂石料堆放不得超过规定高度。

（6）油性脱模剂、枕木、油料、土工布、塑料薄膜等易燃材料应集中统一管理，并配备足够数量的消防器材。

（7）钢绞线下料时应放入专门的下料架内，以防钢绞线弹出伤人。

（8）新安装或检修后的锅炉，报当地主管部门检查批准后，方可点火运行。使用过程中，要定期对压力表等计量器具和安全阀进行校验。对其他设备部件进行监视和检查。

（9）锅炉工应当及时检查设备的运行状况，密切监视和调整压力、水位、温度和燃烧状况等情况，并填写安全状况及各项记录。

（10）龙门吊轨道安装必须牢固、顺直、平顺，应有行走跑车行程开关、卷扬机防冲顶行程开关、轨道端头挡铁等有效限位或保险装置（图8-18～图8-25），未作业时使用夹轨钳。

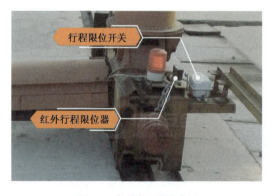

图8-18　轨道行程限位装置

图8-19　卷扬机防冲顶行程开关

（11）模板安装时侧模、底模、端模应支撑、连接牢固。模板的横移、顶升、下降应同步。端模和侧模拆除过程中，应将已拆下的模板应采取支撑固定措施，防止倒塌伤人。

（12）用于模板连接的螺栓、对拉杆应经常检查，保证无松动，不得漏装、漏拧。

（13）预应力管道采用橡胶抽拔管成孔时，应清除卷扬机工作区域内障碍物，自动拔管设备拔管时应注意防止夹伤。

图 8-20　轨道端头挡铁

图 8-21　轨道夹轨钳

图 8-22　制动装置

图 8-23　小车缓冲装置

图 8-24　钢丝绳防跳槽装置

图 8-25　卷扬机压板

（14）张拉前应认真检查千斤顶、油表、油泵、油管、安全阀、油嘴状况,确定合格后方可进行施工。

（15）张拉用千斤顶与压力表应配套标定,使用时间超过 6 个月、张拉次数超过 300 次、使用过程出现异常、更换配件后应重新标定。

（16）张拉作业时,应设置安全警戒区域,施工人员站在千斤顶侧面,不得正对千斤顶及预应力束,张拉作业端头 1.5～2m 处设置挡板。挡板宜采用木板贴合钢板制成,挡板内侧设 18mm 厚木板,外侧设 5mm 厚钢板。

（17）配电房应设置防高温、防火、防潮等措施,采用封闭管理。

（18）发电机房须配置1组4kg以上的干粉灭火器,室外应设置沙池,消防铲不少于4个。

（19）焊割作业时氧气瓶与乙炔瓶安全距离不得小于5m,与明火作业点的安全距离不得小于10m。严禁随地滚动、撞击气瓶;高温季节有防爆、防晒措施。

（20）夜间施工,现场需设置符合施工需求的照明设备,光束不得直接照射机械操作和指挥人员、作业区域及四周应设置警戒带及反光警示标志。雷雨、大风等极端天气禁止夜间施工。

第九章 PART 9
架桥机拼装及拆卸

第一节 架桥机概述

架桥机是支承在桥梁结构上,可沿纵向自行变换支承位置、用于将预制桥梁梁体安装在墩台指定位置的一种专用起重机。

公路架桥机按过孔方式不同,一般可分为导梁式架桥机、走行式架桥机、步履式架桥机。

(1)导梁式架桥机:架桥机借助导梁完成过孔作业,见图9-1。

(2)走行式架桥机:架桥机依靠支腿在桥面上走行实现过孔作业,见图9-2。

图9-1 导梁式架桥机　　　　　　　　图9-2 走行式架桥机

(3)步履式架桥机:架桥机设置多组支腿,依靠支腿的换位和主梁相对于支腿的运动实现过孔作业,见图9-3。

图9-3 步履式架桥机

目前,公路桥梁多采用步履式架桥机,其中DF50/200型较为常用,它由导梁、主梁、起吊天车、行走机构、前支腿、中支腿、后支腿、导梁前支腿、联系框架、临时支撑、液压系统和电控系统等组成,见图9-4。主要用于架设跨度50m及以下、梁重200t及以下的公路预制梁。其辅助设备为龙门吊、运梁平车。

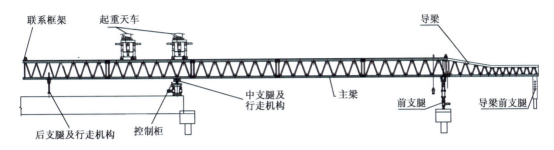

图9-4 步履式架桥机组成

第二节 架桥机安拆管理要求

(1)安装单位需持营业执照、安装资质、人员资质证件等相关资质证明资料,以及制造单位资质、设备出厂合格证、监检证书、型式试验报告及安装施工方案等,按照国家规定向直辖市或者设区的市级人民政府特种设备安全监督管理部门办理安装告知手续。架桥机安装前应对进场的构件、配件、工机具等进行详细检查验收。

(2)架桥机安装完毕,安装单位必须先进行自检。架桥机简支段垂直静挠度不大于$S/400$,导梁段静挠度不大于$S/600$;起吊天车起升制动器的制动距离不大于每分钟升降距离的$1/65$;起吊钢丝绳的安全系数不小于6。

(3)经安装单位自检合格后再进行空载试验、重载试验,并向特种设备检验部门提出验收申请,检验部门验收合格且出具检验报告后,在特种设备安全监督管理部门办理使用登记证。安装单位在设备验收合格后,须将技术资料和文件等移交使用单位,并存入使用单位的安全技术档案。

(4)架桥机的安装、拆除必须严格按照安拆施工方案进行,拆除架桥机一般由原安装单位进行,拆除完成后,及时到原登记的特种设备安全监督管理部门办理注销手续。

(5)架桥机使用单位必须制定并严格执行以岗位责任制为核心的大型桥梁设备安全使用管理制度和操作规程,并保证大型桥梁设备技术档案的完整、准确。

第三节 工艺流程及要点

架桥机安装及拆除属于超过一定规模危险性较大的工程,须编制专项施工方案,并经专家论证。见表9-1。

危险性较大的分部分项工程(节选)　　　表9-1

类别	须编制专项施工方案的工程项目	须专家论证、审查的工程项目
起重吊装工程	(1)采用非常规起重设备、方法,且单件起吊质量在10kN及以上的起重吊装工程; (2)采用起重机械进行安装的工程; (3)起重机械设备自身的安装、拆卸	(1)采用非常规起重设备、方法,且单件起吊质量在100kN及以上的起重吊装工程; (2)起吊质量在300kN及以上的起重设备安装、拆卸工程

一、架桥机拼装

1. 架桥机拼装工艺流程

架桥机拼装工艺流程见图9-5。

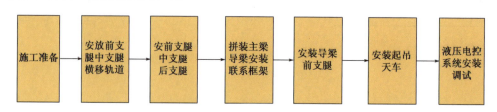

图9-5 架桥机拼装工艺流程

2. 架桥机拼装工艺要点

（1）拼装场地要求

架桥机一般在桥头路基上拼装，场地尺寸及地基承载力应满足架桥机安装及试运荷载的要求；场地平顺，纵坡不能超过3%。

（2）架桥机拼装

①安放前、中支腿横移轨道。安放前、中支腿横移轨道前，应提前清理轨道基础上的杂物。铺设轨道后，须做好顶面高程测量，找平垫实，见图9-6。

②安装前支腿、中支腿、后支腿。将前、中支腿横移台车置于横移轨道上，找正中心距后，将前、中支腿与台车连接，并用手拉葫芦、缆风绳将支架部位与地面固定，缆风绳与地面夹角应在30~45°，直径不得低于8mm。将后支腿组立好，置于主梁尾部下方固定，见图9-7。

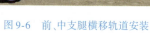

图9-6 前、中支腿横移轨道安装

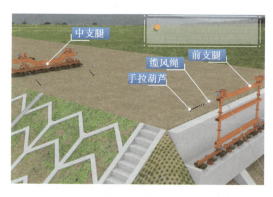

图9-7 前支腿、中支腿、后支腿安装

③拼装主梁、导梁及联系框架。在地面上将主梁、导梁从前端或后端依次拼装（图9-8），然后将一侧主梁、导梁整体用两台汽车吊放在中支腿、后支腿上，另一侧用同样方法安装，按安装尺寸量好两导梁的轨道中心距。安装联系框架，使左右桁架连成一体（图9-9）。

④安装导梁前支腿。在地面上将导梁前支腿进行拼接后，安装在导梁前端（图9-10）。

⑤安装起吊天车。在地面上将起吊天车拼装完毕，整体起吊至主梁上（图9-11），同时安装好电动葫芦。

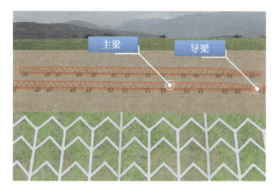

图 9-8　主梁、导梁拼装

图 9-9　联系框架安装

图 9-10　导梁前支腿安装

图 9-11　起吊天车安装

⑥液压、电气系统安装调试。用液压、电气管线将液压马达与液压控制系统、电机与电气控制系统连接,通电后,将动、静滑轮、卷扬机钢丝绳穿好。

二、架桥机拆除工艺流程

架桥机的拆除与安装顺序相反,其工艺流程见图 9-12。

图 9-12　架桥机拆除工艺流程

第四节　施工安全风险分析

架桥机拼装、拆卸一般安全风险有物体打击、高处坠落、机械伤害、触电等一般安全风险。根据吊装作业等特点,还存在起重伤害、设备倾覆等特有安全风险。

(1)起重伤害:起重作业中,吊物脱钩砸人、钢丝绳断裂伤人、吊物移动时撞人等。

(2)设备倾覆:由于作业人员违章操作、违章指挥、外力撞击造成的汽车吊倾覆,以及安装过程中失稳造成的架桥机倾覆。

第五节 架桥机拼装及拆卸安全控制要点

(1)架桥机拼装、拆卸作业涉及的工种有起重设备操作驾驶员、装配钳工、电工、电焊工、测量工等,其中起重机械安装拆卸工、起重机驾驶员、电工、电焊工等特种作业人员必须持证上岗。

(2)施工人员进入施工现场必须佩戴安全帽,进行高空及悬挂作业时应系好安全带,穿防滑靴。作业人员在主、导梁等无防护平台作业时,必须设置安全带导索作为安全带系挂点。

(3)在安装、拆除作业时,应设置警戒区域,专人监控,严禁非施工人员进入。

(4)安装、拆除作业前,指挥人员应观察待吊物下方有无作业人员,并确认吊装构件与其他部件连接情况,因故暂停作业的,必须及时采取加固措施。

(5)电工、电焊工作业时必须穿戴绝缘鞋、绝缘手套,焊割施工还需佩戴护目镜,按规范要求进行施工。

(6)电工作业必须执行监护制度,停送电由专人负责,并悬挂"禁止合闸、有人工作"标识牌,防止误合闸造成触电事故。

(7)吊装时吊点棱角处一般采用钢管、橡胶垫、木块等进行包角,以免割断吊索。正式起吊主、导梁等长、大、重吊件前,必须进行试吊。吊索与被吊物间水平夹角应为45~60°,起吊时先将主梁吊离地面约20~30cm后,观察起重设备制动及整车稳定状况,支腿是否松动,停置处地基是否下沉,如正常后再平稳起吊。

(8)构件起吊前,操作驾驶员应鸣笛示意。起吊过程中,遵守信号指挥。采用双机抬吊时,宜选用同类型或性能相近的机吊,负载分配应合理,单机载荷不应超过额定起重量的80%。双机应协调起吊就位,起重指挥人员信号要统一,保证起吊动作同步,提升过程中,应指定专人观察锚固情况。

(9)桁架、横梁、支腿等构件在起吊时必须设缆风绳,防止构件晃动碰撞其他部件。

(10)不得在高压线正下进行起重吊装作业或堆放机具、杂物,严禁越过无防护设施的外电架空线路作业,临近高压线时应满足安全距离要求。起重机与架空线路的最小安全距离见表9-2。

起重机与架空线路的最小安全距离 表9-2

安全距离(m)	电压(kV)						
	<1	10	35	110	220	330	500
沿垂直方向	1.5	3	4	5	6	7	8.5
沿水平方向	1.5	2	3.5	4	6	7	8.5

(11)横移轨道下的枕木铺设应稳固,前支腿宜采用枕木及型钢组合支撑,高度应根据桥梁横坡调整,保证钢轨的横坡小于0.5%,枕木搭设应不大于3层,宜采用"井"字形垫法,最上层枕木方向垂直于横梁方向,相邻支撑枕木净距应不大于0.5m。见图9-13、图9-14。

图9-13 井字形枕木搭设

图9-14 支撑枕木净距图示

(12）架桥机必须设置有效的限位装置，在轨道有效行程范围内设置缓冲器及端部止挡。

(13）主梁、导梁安装时保证两主桁架之间的轨道距离。高强度螺栓应按要求进行初拧、复拧、终拧，避免漏拧，并在24h内完成。

(14）架桥机金属结构应可靠接地，起重机电控系统及线路的绝缘电阻应大于1MΩ，所有正常不带电的金属外壳接地线应大于相线直径的1/2，并不得采用接地线做零线。重复接地电阻不大于10Ω，保护接地电阻不大于4Ω。

(15）架桥机应设置安全监控，电机位置应设置防雨罩。

(16）实施拆除前要切断架桥机上所有机械电源，严禁带电作业。安全管理人员进行详细检查，电源未切断不得进行拆卸起吊。

(17）枕木、燃油、润滑油脂必须专人管理，配备足够消防器材。

(18）氧气乙炔应设置防震圈、防护帽，并按规定分类存放。气瓶间距不小于5m，与明火安全距离不小于10m，使用时，必须安装减压阀及防回火装置，并灵敏可靠。

(19）严禁在大雨天、雾天、大雪天及6级以上大风等恶劣天气下作业，恢复作业前应及时清理积水、积雪并采取防滑措施，雨雪天过后，应先试吊，确认制动器灵敏可靠后方可进行作业。

第十章 PART 10
预制梁板运输安装

第一节　预制梁板运输安装概述

预制梁板运输安装是将工厂预制的箱梁、T梁、空心板等运至施工现场,再采架桥机等专用设备进行安装固定的过程。

预制梁板运输安装应根据梁板结构特点和现场环境状况,合理选择吊装机械、运输车辆和配套设备。

梁板运输常用的运梁车有轨道式运梁车(图10-1)、轮胎式运梁车(图10-2)等。根据现场实际情况,可以选用不同的架设方法,主要有自行式吊机架设法,架桥机架设法,龙门吊架设法,浮运、浮吊架梁法等。

图10-1　轨道式运梁车　　　　　　　　图10-2　轮胎式运梁车

(1)自行式吊机架设法即直接用吊车将运至桥孔的梁板吊放到安装位置上,见图10-3。

(2)龙门吊架设法是用两台同步运行的跨墩龙门吊或墩侧高低腿龙门吊将梁吊起,再横移到设计位置落梁就位(图10-4)。

图10-3　自行式吊机架设法　　　　　　　图10-4　龙门吊架设法

(3)架桥机架设法是将梁、板预制完成后,由专用运梁车通过路基或已架桥梁运送至架桥机后方,逐孔进行桥梁架设的方法(图10-5)。

(4)浮运、浮吊架梁法是在码头采用专用起重设备将预制梁移装至浮船上,浮运到架设孔位以后,再利用浮吊将预制梁安装就位(图10-6)。

图 10-5 架桥机架设法

图 10-6 浮运、浮吊架设法

预制梁板安装方法、施工特点及适用范围见表 10-1。

常用预制梁板安装方法、施工特点及适应范围　　　　表 10-1

预制梁板安装方法	施 工 特 点	适 应 范 围
自行式吊机架设法	机动性强,架桥速度快,设备及工艺简单,安全风险较大	平坦、无水桥孔的中小跨径且墩身高度较低的预制梁、板安装
龙门吊架设法	架桥速度快,工艺相对简单,作业人员较少,安全性高	无水,地形相对平坦,单孔梁片多,且墩身高度较低的预制梁、板安装
架桥机架设法	不受桥下通航、通车和墩高影响,不影响桥下交通,架梁安全性较高	适应范围广,可运用于各种类型、环境、条件的桥梁架设
浮运、浮吊架梁法	受水深、水位、流速等水文条件影响大,安全风险较大	水中桥,要求有适当的水深,以浮运预制梁时不搁浅为准,水位平稳且涨落有规律,流速和风力不大,河岸能修建适宜的预制梁装卸码头

公路工程施工中多采用架桥机法进行预制梁板架设,其中 DF50/200 型双导梁架桥机较为常用,它由导梁、主梁、起吊天车、行走机构、前支腿、中支腿、后支腿、导梁前支腿、联系框架、临时支撑、液压系统和电控系统等组成,架桥机组成见图 10-7。主要用于架设跨度 50m 及以下、梁质量 200t 及以下的公路预制梁,其辅助设备为龙门吊、运梁车。

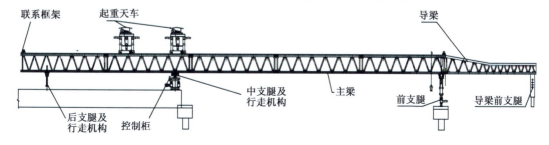
图 10-7 架桥机组成

第二节 架桥机架设法施工工艺流程及要点

预制梁板运输安装施工属危险性较大的分部分项工程,须编制专项施工方案,对于梁体长度不小于40m的还须专家论证、审查。危险性较大的分部分项工程(节选)见表10-2。

危险性较大的分部分项工程(节选)　　　　　　表10-2

类别	须编制专项施工方案的工程项目	须专家论证、审查的工程项目
桥涵工程	(1)桥梁工程中的梁、拱、柱等构件施工; (2)上跨或下穿既有公路、铁路、管线施工	(1)长度不小于40m的预制梁的运输与安装,钢箱梁吊装
起重吊装工程	(1)采用非常规起重设备、方法,且单件起吊质量在10kN及以上的起重吊装工程; (2)采用起重机械进行安装的工程; (3)起重机械设备自身的安装、拆卸	(1)采用非常规起重设备、方法,且单件起吊质量在100kN及以上的起重吊装工程; (2)起吊质量在300kN及以上的起重设备安装、拆卸工程

一、架桥机架设法施工工艺流程

架桥机架设施工工艺流程见图10-8。

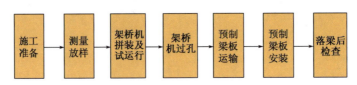

图10-8　架桥机架设施工工艺流程

二、架桥机架设法施工工艺要点

1. 施工准备

运梁前应根据运梁机具、设备和道路情况,确定运梁线路。

架梁前需完成拼装场地布设,机械、机具、设施、材料检查等准备工作,并确定梁板强度不低于设计强度标准值、孔道压浆强度满足设计要求且不低于30MPa、支座垫石强度不低于设计强度的100%。

预应力混凝土梁、板的存放时间不宜超过3个月,特殊情况下不应超过5个月。

2. 测量放样

将垫石顶面清刷干净,划出支座中心线、梁板边线、端线,核对标高、跨径尺寸,安装临时支座或永久支座,见图10-9、图10-10。预制梁板安装质量标准见表10-3。

图10-9　永久支座

图10-10　临时支座

梁板安装质量标准　　　　　　　　　　　表10-3

序　号	项　目		允许偏差
1	跨径(支座中心至支座中心)(mm)		±20
2	支座平面平整度(mm)		2
3	支座中心偏位(mm)	梁	5
		板	10
4	竖直度(%)		1.2
5	梁、板顶面纵向高差(单位)		+8,-5
6	相邻梁、板顶面高差(单位)		8

3. 架桥机拼装及试运行

架桥机的安装与拆卸必须是具有相应资质的单位来完成。

架桥机多在桥头路基上进行拼装。拼装前桥头路基填筑宽度、平整度、承载力等,应满足运架设备的行走要求。

架桥机安装完成后应检查各系统的运行是否正常。

4. 架桥机过孔

第一步:收起后支腿,后支腿随主梁移动至中支腿后方,再支好后支腿。调整两台起吊天车位置(后移),使其作为配重满足过孔稳定性要求,架桥机过孔稳定系数≥1.5。见图10-11。

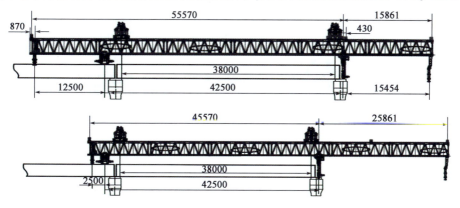

图10-11　架桥机过孔第一步(尺寸单位:mm)

第二步:顶高前后支腿,中支腿前移调整中支腿与前支腿距离,收缩后支腿,主梁前移,至导梁前支腿到前方墩台支撑好,后支腿伸出。见图10-12。

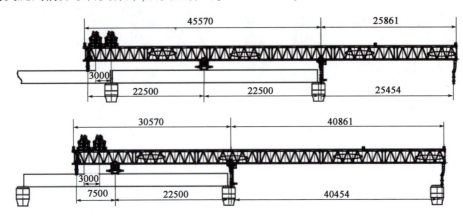

图10-12 架桥机过孔第二步(尺寸单位:mm)

第三步:顶高前后支腿,前移起重天车、中支腿。见图10-13。

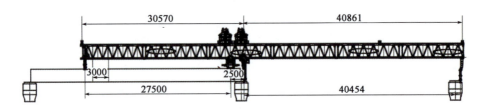

图10-13 架桥机过孔第三步(尺寸单位:mm)

第四步:前支腿收起并移至前方墩台支好,前支腿过孔到位。见图10-14。

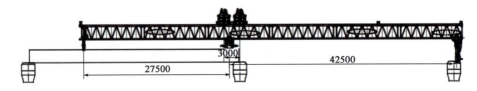

图10-14 架桥机过孔第四步(尺寸单位:mm)

第五步:调整两台起吊天车位置(前移),收起后支腿,主梁前移过孔到位。见图10-15。

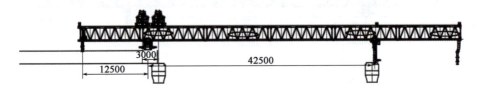

图10-15 架桥机过孔第五步(尺寸单位:mm)

第六步:伸出后支腿,调整起吊天车位置(后移),整机过孔到位。
架桥机就位后,支腿应采用枕木支垫牢固,防止沉陷。见图10-16。

图 10-16　支腿枕木支垫

5. 预制梁板运输安装

预制梁板运输安装施工步骤为：龙门吊吊梁到运梁平车→运梁平车运梁至架桥机后跨→起吊天车配合运梁平车喂梁→起吊天车运梁至安装跨→架桥机吊梁体横移至设计位置→落梁到支座上→检查支座位置符合要求后拆除吊梁绳索→梁体固定。

梁板装运前，认真检查运梁道路的净空、坡度、转弯半径是否满足要求，并提前清除限界内的障碍物。通道宽度不应小于4m，纵向坡度应不大于3%，横向坡度（人字坡）应不大于4%，最小曲率半径应不小于运梁车的允许转弯半径，保证运梁时不倾覆。重点确认运梁车所通过的填方路基特别是高填方路基和桥涵结构物能否满足荷载要求，必要时应采取加固措施。

装梁前，应仔细核对待架成品梁合格证，检查外观、梁长、编号等，核对无误后方可吊装。

在梁顶面运输梁、板时，梁端缝隙及桥面预留孔洞应铺设钢板，并应在相邻梁片之间的横向主筋焊接完成后进行。

安装在同一孔跨的梁、板，施工龄期差不宜超过10d。

梁、板就位后，应及时设置保险垛或支撑将构件临时固定，对横向自稳性较差的T形梁和I形梁等，应与先安装的构件进行可靠的横向连接，防止倾倒，见图10-17。

a)

b)

图 10-17　T梁运输横向加固

6.落梁后检查

预制梁板安装就位后及时检查梁、板位置是否准确,梁间距、高程是否符合设计要求,梁底与支座接缝是否严密。确认梁板安装位置正确后,应及时焊接湿接缝钢筋、灌注湿接缝混凝土。

第三节　预制梁板运输安装安全风险分析

预制梁板运输安装施工过程中的一般安全风险有起重伤害、物体打击、车辆伤害、机械伤害、触电、淹溺等。另外,由于梁、板架设高空作业多又需要使用重而大的起重吊装设备,还存在高处坠落、架桥机倾覆、梁体倾翻等特有安全风险。

(1)高处坠落:架梁作业区域临边防护设施不到位、高处作业人员不按规定佩戴劳动防护用品等造成的高处坠落伤害。

(2)架桥机倾覆:铺设支腿枕木时未按要求支垫稳固、桥头路基承载力不足、架桥机过孔时梁片未按规定进行横向连接、架桥机横移落梁时横向轨道支垫不牢固或限位装置失效、架梁作业无防风监控措施等造成的架桥机倾覆。

(3)梁体倾翻:运梁通道坡度、转弯半径、承载力不满足要求;运梁车超速行驶,指挥通信不当,梁顶面运输时孔洞覆盖不到位,就位后的梁、板未及时固定等导致的梁体倾翻。

第四节　预制梁板运输安装施工安全控制要点

(1)预制梁板运输安装作业涉及的工种有起重设备操作驾驶员、架桥机驾驶员、运梁车驾驶员、钳工、电工、电焊工、测量工等,其中电工、电焊工、起重设备操作驾驶员、架桥机驾驶员等特种作业人员必须持证上岗,运梁车驾驶员须有一定操作驾驶经验。

(2)枕木、燃油、润滑油脂必须专人管理,配备足够消防器材。

(3)氧气、乙炔瓶应设置防震圈、防护帽,并按规定分类存放。使用时气瓶间距不小于5m,与明火安全距离不小于10m。

(4)梁板吊运、架设过程中,梁面上严禁堆放材料及其他物件。

(5)梁板架设所采用的起重设备须满足施工方案要求,并持有制造许可及出厂合格证,经相关质量技术监督局检验,取得有效的检验合格证、使用登记证等证书方可投入使用。

(6)架桥机、运梁车驾驶员必须熟悉运梁车的结构、最大运输能力、运行速度、爬坡能力、最大行走转向角、最小回转半径等各项技术参数。作业前做好道路清障、机电、液压、转向、制动和结构的连接、通信、信号等各项检查、确认工作。

(7)运梁通道应有专人指挥交通,保证行车安全畅通,并在便道出入口设置明显的指示标志;通道要及时修整,运输车洒落物要及时清理,坑洼处要及时处理,做到无积水、无污染、无堵车。

(8)运梁时,梁体中心线与运梁车的中心线应重合,避免运梁车偏载,造成倾覆。梁板应支垫、支撑、捆绑牢固,设专人在运梁车前方引导和观察路面情况,非作业人员严禁靠近,发现异常,立即停车。

(9)运梁过程中,操作人员应密切注意运梁车及前方道路情况,严禁高档位急起急停。

(10)运梁车在上下坡、停放或喂梁时,应采取防滑、防遛措施。

(11)运梁车应设置警示标志及警示灯,梁板运输时,运梁行车速度不应大于3km/h,跨国道、省道时须临时封闭交通,并进行警戒。

(12)梁板安装作业过程中,地面应设施工重地、闲人免进、注意安全、当心落物、禁止翻越等警戒、警示标志。

(13)在道路、航道上方进行梁板架设或架桥机移跨过孔时,须实行临时交通管制,严禁行人、车辆和船舶在作业区域的桥下方通行。

(14)架桥机由专人负责使用和管理,实行机长负责制,并保持作业人员的相对固定。

(15)架设梁板时由指挥员统一指挥,其余人员不得擅自指挥,以防造成指挥信号混乱。

(16)预制梁板运输安装设备使用中要严格执行检查和保养制度并认真填写设备运转记录。运转记录中应如实反映设备运转与作业状况,对设备存在的问题与故障应反映清楚、具体。

(17)梁板吊装时,吊具的钢丝绳与梁板接触部位应设置卡槽(图10-18)或衬垫(图10-19),防止梁板磨损、崩角及钢丝绳损伤。

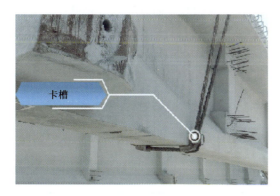

图10-18　钢丝绳与梁板接触部位设置卡槽　　图10-19　钢丝绳与梁板接触部位设置衬垫

(18)梁体吊放时,前后两吊点升降速度应一致。落到运梁平车上后,及时捆绑、固定,在两侧加设斜撑加固。

(19)架桥机每日作业前,应对卷扬机、吊点、吊具、钢丝绳等部位进行检查,发现问题及时处理。

(20)架桥机必须在轨道有效行程范围内设置缓冲器及端部止挡等限位装置。

(21)桥梁纵坡较大时,应调整架桥机各支点高度,使主梁调平。

(22)梁板在架桥机上纵、横向移动时,应平缓进行。起吊或落梁时应平稳匀速进行。

(23)架桥机纵向移动应一次到位,不得中途停顿。起吊天车提升与携梁行走不得同时进行,天车携梁应平稳前移。

(24)起吊天车移动时,应设专人监视电缆展放情况,发现电缆滑线卡住时,要立即停车检查,排除故障。

(25)架桥机前支腿宜采用枕木及型钢组合支撑,枕木搭设应不大于3层,宜采用"井"字型垫法,最上层枕木方向应垂直于横梁方向,相邻支撑枕木净距应不大于0.5m。

(26)架桥机过跨完成后,吊装梁前,应检查安全技术措施及安全防护设施等是否到位、设备运行状况是否正常,确保作业安全后方可进行吊梁作业。

(27)采用自行吊车双机联吊架梁属于关键性吊装,吊装前应组织相关人员查看现场、方案应经过吊装司机确认,起吊时保持通信、信号明确。

(28)龙门吊使用前,操作人员应对机械运行机构、保险装置和电气仪表是否完好、可靠;起重系统所配备的超载限制器、力矩限制器、极限位置限制器、报警装置等机构是否灵敏有效;卷筒、吊钩、钢丝绳、各部滑轮、导绳轮等是否转运灵活、牢固可靠进行安全检查、确认。

(29)用两台龙门吊吊运同一重物时,应由专人指挥,两台龙门吊的升降、运行应保持同步,钢丝绳应保持垂直。

(30)浮吊设备使用前,应取得当地海事部门及其他相关单位的作业许可。

(31)浮吊上应设置警示灯和其他警示标志,作业时显示水上作业号型、号灯以及信号旗。

(32)浮吊上应放置救生器材,现场所有作业人员须正确穿戴救生衣。

(33)供架梁作业人员行走的通道,必须设置严格、规范的防护栏杆。

(34)每跨梁板安装完成后应及时设置临边防护栏杆,并在湿接缝、中央分隔带处设置防坠、防落网。

(35)跨河架梁时,必须配置足够数量的救生圈、救生衣和救生绳索及救生船只。

(36)落梁到位后要立即稳定梁体,边梁换钩前垫好枕木,打好斜撑,梁体固定后方可进行下步作业。

(37)夜间、6级及以上大风、暴雨等恶劣气候时严禁运、架梁作业,因大风影响停止架设时必须用缆绳稳固架桥机和起吊天车。

(38)运梁道路路面湿、滑时要采取相应防护措施,并降低运梁车行驶速度。

(39)在外电架空线路附近作业时,运输安装设备的任何部位或梁板边缘在最大偏斜时与架空线路的最小安全距离应符合规定。运、架设备与架空线路最小安全距离见表10-4。

运、架梁设备与架空线路的最小安全距离　　　表10-4

安全距离(m)	电压(kV)						
	<1	10	35	110	220	330	500
沿垂直方向	1.5	3	4	5	6	7	8.5
沿水平方向	1.5	2	3.5	4	6	7	8.5

第十一章 PART 11
支架现浇法施工

第一节　支架现浇法施工概述

一、支架现浇法定义

支架现浇法是在桥位处搭设支架,在支架上浇筑梁部混凝土,待混凝土达到强度后拆除模板、支架的施工方法。适用于桥梁墩台较低且地基条件较好的旱地现浇简支梁或连续梁(钢构)施工。

二、支架的结构形式、特点及适用范围

支架现浇法采用的支架结构形式分为满堂式支架、梁柱式支架及组合式支架,见图 11-1 ～ 图 11-4。

图 11-1　满堂式支架

图 11-2　梁柱式支架

图 11-3　梁柱式支架

图 11-4　组合式支架

满堂式支架适用于墩高不大,地形高差小,地基条件较好,不需要特殊处理即可满足承载力和沉降变形要求的桥跨施工。

梁柱式支架适用于地形高差较大,跨越铁路、公路、河道、管线,地基地质条件较特殊的桥跨施工。

第二节 支架现浇法施工工艺流程及要点

支架现浇法施工属于危险性较大的分部分项工程,须编制专项施工方案,超过一定规模的须组织专家论证、审查见表11-1。

危险性较大的分部分项工程(节选) 表11-1

类别	须编制专项施工方案的工程项目	须专家论证、审查的工程项目
大型临时工程	(1)支架高度不小于5m;跨度不小于10m,施工总荷载不小于10kN/m²;集中线荷载不小于15kN/m; (2)搭设高度24m及以上的落地式钢管脚手架工程;附着式整体和分片提升脚手架工程;悬挑式脚手架工程、吊篮脚手架工程;自制卸料平台、移动操作平台工程;新型及异型脚手架工程	(1)支架高度不小于8m;跨度不小于18m,施工总荷载不小于15kN/m²;集中线荷载不小于20kN/m; (2)50m及以上落地式钢管脚手架工程。用于钢结构安装等满堂承重支撑体系,承受单点集中荷载7kN以上
桥涵工程	(1)桥梁工程中的梁、拱、柱等构件施工; (2)上跨或下穿既有公路、铁路、管线施工	在三级及以上通航等级的航道上进行的水上水下施工

一、支架现浇主要施工工艺流程

支架现浇施工工艺流程见图11-5。

图11-5 支架现浇施工工艺流程图

二、支架现浇主要施工工艺要点

1. 地基处理

根据荷载及支架的形式对地基进行处理。处理形式有原地面碾压、换填、桩基础、条形基础等,见图11-6~图11-9。对处理后的地基进行承载力检测满足要求后,宜采用不少于10cm厚C20混凝土进行硬化处理。设置横坡及排水沟,便于及时排除积水。

图11-6 原地面碾压

图11-7 换填

图 11-8　桩基础

图 11-9　条形基础

2. 支架搭设及预压

（1）满堂式支架搭设

支架搭设从一端开始向另一端搭设，或从中间开始向两边同时搭设。立杆垂直度及间距、水平杆步距、扫地杆、剪刀撑、底座和顶托等应满足规范及方案要求。调整顶托高程后铺设纵、横向分布梁。

（2）梁柱式支架搭设

支墩一般采用钢管柱或军用墩等，采用人工配合汽车吊安装，安装时应严格控制支墩的垂直度和平面位置。支墩之间用水平撑、斜撑联结，以提高稳定性。

支墩施工完成后，在墩顶安设砂箱或机械千斤顶等落架装置（图11-10、图11-11），随之安装承重横梁，再安装纵梁（主梁），纵梁一般采用贝雷片或军用梁。主梁安装时，应先拼装成片，再视起吊设备起吊能力拼装成组并分段吊装就位，最后利用连接杆将主梁横向联成整体。横向铺设分布梁，两端挑出梁体外作为作业平台。

图 11-10　调节砂箱

图 11-11　机械千斤顶

支架搭设完毕后，对分配梁、方木等规格、间距进行检查，确认符合要求后进行支架预压。预压荷载一般采用砂袋、水箱或预制块（图11-12、图11-13），宜为支架需承受全部荷载的 1.05～1.1 倍，并分级预压、观测，待沉降和变形稳定后终止预压，逐级卸载、观测。预压全部卸载后，应对支架及基础是否存在异常情况再次检查确认，确保支架使用安全。

图11-12　水袋预压

图11-13　预制块堆载预压

3.模板安装、钢筋绑扎

（1）支座安装

先精确放样，弹出支座十字线，支座整体吊装、对位、调平，按要求设置预偏量。

（2）模板安装、钢筋绑扎

底模安装前，应对支架的顶面标高进行复核，并结合预压数据调设预拱度。底模表面应光滑、平整，拼缝经处理后应平顺、严密、不漏浆。

测量放样定出现浇梁底板边缘线，安装侧模。

侧模检验合格后依次安装底、腹板钢筋，预应力管道，内模，端模，最后安装顶板钢筋及预应力管道。

预应力管道安装时，应采用定位钢筋固定（图11-14），接头应缠裹紧密（图11-15），防止水泥浆渗入。预应力管道安装允许偏差见表11-2。

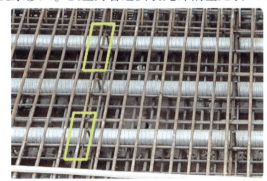
图11-14　预应力管道固定

图11-15　预应力接头处理

预应力管道安装允许偏差　　表11-2

项　　目		允许偏差（mm）
管道坐标	梁长方向	30
	梁高方向	10
管道间距	同排	10
	上下层	10

4.混凝土浇筑、养护

混凝土浇筑时，应从梁体较低的一端向较高的一端，按水平分层、纵向分段依次浇筑，采用插入式振动器振捣。

箱梁表面收浆后及时覆盖养护,养护时间一般不应少于7d。

5. 预应力筋安装及张拉

预应力筋可采用人工或机械方式穿束,筋束前端宜设置穿束网套(图11-16)或特制的牵引头(图11-17),防止损伤波纹管。

图11-16 穿束网套

图11-17 特制牵引头

预应力张拉时,混凝土强度、弹性模量应符合设计要求。设计未规定时,混凝土强度应不低于设计强度的80%,弹性模量应不低于混凝土28d弹性模量的80%。宜采用智能张拉设备进行张拉,张拉采用双指标控制,以张拉力控制为主,钢束伸长值校核。张拉顺序、张拉端的设置等应符合设计及规范要求。

预应力筋张拉完成,张拉控制应力达到稳定后进行锚固,锚固完毕并经检验确认合格后切割端头多余的预应力筋,切割时应采用砂轮切割机,切割后预应力筋的外露长度不应小于30mm。

预应力筋张拉锚固后,孔道压浆应在48h内完成。压浆宜采用智能压浆设备,长大管道压浆宜采用真空辅助压浆工艺。

压浆完成后,应及时对预应力筋、锚具做防锈、防腐处理。对梁端混凝土凿毛清洗,设置钢筋网浇筑封锚混凝土。

6. 模板、支架拆除

非承重侧模、端模在混凝土强度能保证其表面及棱角不致因拆模而受损坏时方可拆除,一般为2.5MPa。承重侧模、底模和支架应在预应力张拉完成后拆除。

底模和支架拆除时,每孔梁先从跨中向两端均匀落架,满堂式支架通过下调顶托、梁柱式支架通过落架装置进行落架。落架应按拟定的卸落程序进行,分几个循环卸完,卸落量开始宜小,以后逐渐增大,在纵向应对称均衡卸落,在横向应同时一起卸落,直至底模与梁底分开。然后按照后支先拆,先支后拆的顺序,依次拆除模板和支架各部件。

第三节 支架现浇法施工安全风险分析

支架现浇法施工过程中,存在的一般安全风险主要有高处坠落、车辆伤害、触电、火灾、淹溺等。根据支架现浇法施工的特点,还存在支架坍塌、物体打击、机械伤害、起重伤害等特殊安全风险。

(1) 支架坍塌：地基处理不良、未按要求搭设支架、材料强度不足、违规堆载等引起的支架坍塌风险。

(2) 物体打击：高处作业平台的物品摆放不合理，小型物件发生掉落及高处抛物造成的物体打击风险。

(3) 机械伤害：张拉作业时钢绞线、夹片弹出伤人、压浆过程中浆液射入眼睛等风险。

(4) 起重伤害：起重作业中，吊物脱钩砸人、钢丝绳断裂伤人、吊物移动时撞人以及起重设备倾覆等风险。

第四节　支架现浇法施工安全控制要点

(1) 支架现浇法施工作业涉及的工种有架子工、钢筋工、模板工、混凝土工、电工、电焊工、设备操作驾驶员、张拉工、测量工等，其中电工、电焊工、架子工等特种作业人员须持证上岗。

(2) 夜间施工时，施工人员应穿戴反光服，现场必须提供充足照明，在人员上下及运输通道处，均应设置固定的照明设施；水上作业时，作业人员必须穿戴救生衣。

(3) 钢管柱、贝雷片、军用梁、支架等受力部件必须经过验收合格后方可投入使用。

(4) 钢绞线、预应力管道、锚具、夹片等材料进场后，应按规定取样抽检，合格后方可投入使用。钢绞线每批质量应不大于60t；锚具每个检验批次不宜超过2000套；夹具、连接器的每个验收批次不宜超过500套；金属波纹管以累计半年或不超50000m生产量为一批；塑料波纹管每批应由同一配方、同一生产工艺、同设备稳定连续生产的产品组成，每批数量应不超过10000m。

(5) 料库、油库等易燃区禁止吸烟，动火作业时，配备足够的消防器材，防止发生火灾。

(6) 吊装作业时，应在吊装区域设立警戒标志，严禁人员在吊装区域停留或通行。

(7) 支架安拆时应设置警戒区，张挂警示标志，禁止无关人员进入危险区。

(8) 严禁作业人员攀爬架体或防护栏杆；严禁随意向下投掷材料、工具、杂物等。

(9) 支架搭设完毕后，应对其平面位置、顶部标高、节点连接及纵、横向稳定性进行全面检查、验收。

(10) 支架平台上严禁集中堆码材料，临时设施上严禁超荷载堆放钢筋、模板等物料。

(11) 现浇梁翼板边侧及其他临边应设置防护栏杆，立杆采用钢管制作，刷红白相间反光漆，挂设密目网、设置踢脚板和安全警示标志，见图11-18。

(12) 混凝土浇筑时，应随时检查支架和模板，发现异常状况，应及时采取措施。

(13) 振捣作业前应检查机械运转是否正常，电机移动时，不能硬拉电线，更不能在钢筋和其他锐利物上拖拉，防止割破拉断电线而造成触电。

(14) 预应力钢筋张拉时，在千斤顶的端部及非张拉端部均不得站人，以防钢筋断裂、夹具滑脱、张拉设备出现故障伤人。

(15) 张拉用千斤顶与压力表应配套标定、配套使用，当使用时间超过6个月、张拉超过300次、使用过程中千斤顶或压力表出现异常情况、千斤顶检修或更换配件时均应重新标定。

(16) 钢绞线需切断时应采用砂轮机、液压钳等工具，禁止采用氧气乙炔切割。

(17)管道压浆时,作业人员应站在侧面,并佩戴防护眼镜。

(18)梯笼中梯道宽度不得小于0.9m,坡度不得大于1:1,节段高度不得大于2.5m,设置双层过塑钢丝网材料的防坠立网;梯笼高度达到5m时,设置与墩柱连接的水平连墙件,超过5m时,每隔5m处及顶端应设置一道与墩柱连接的水平加强件,见图11-19。

图11-18　现浇梁临边防护

图11-19　梯笼设置标准

(19)跨路作业时,通道进出口应设专人指挥疏导交通。跨越既有铁路、公路或其他建筑设施、航道时,满堂支架需按要求设置门洞,梁柱式支架要进行安全防护设计,并按规定设置导向、限高、限宽、减速、防撞、防落物等标识及防护设施,见图11-20、图11-21。

图11-20　满堂支架门洞设置

图11-21　门柱式支架安全防护

(20)5级以上风力时,应停止动火作业;当遇到雷雨、高温和6级及以上大风等恶劣天气时,应停止高处露天作业、脚手架安拆及起重吊装等作业;雨后须对地基及排水系统进行检查,及时排除积水。

第十二章 PART 12
悬臂现浇法施工

第一节　悬臂现浇法施工概述

一、悬臂现浇法定义

悬臂现浇法是在以桥墩为中心顺桥向两侧，采用移动式挂篮对称平衡地逐段向跨中浇筑混凝土梁体，并逐段施加预应力，形成桥跨结构的施工方法。

二、悬臂现浇法特点及适用范围

悬臂现浇法适用于跨越山谷、河流、通行道路等，不便搭设支架的大跨径连续梁桥及刚构桥施工，其主要特点是施工设备及周转材料用量少，除墩顶与边跨现浇段外，无须搭设落地支架。

三、悬臂现浇法的主要施工设备

悬臂现浇法主要施工设备是一对能行走的挂篮，挂篮主要由承重系统、提升系统、锚固系统、行走系统、模板与支架系统组成。常用的挂篮有三角形（图12-1）和菱形（图12-2）两种，其优缺点见表12-1。

图12-1　三角形挂篮　　　　　　　　　图12-2　菱形挂篮

常用挂篮优缺点　　　　　　　　　　　　　表12-1

序号	挂篮名称	优点	缺点
1	三角形挂篮	结构简单、稳定性好	操作空间较小
2	菱形挂篮	操作空间较大	相对三角形挂篮横向稳定性稍差

第二节　悬臂现浇法施工工艺流程及要点

悬臂现浇法施工属于危险性较大的分部分项工程，施工前需编制专项施工方案，超过一定规模的需专家论证、审查见表12-2。

危险性较大的分部分项工程（节选） 表 12-2

类别	须编制专项施工方案的工程项目	须专家论证、审查的工程项目
大型临时工程	（1）支架高度不小于 5m；跨度不小于 10m，施工总荷载不小于 10kN/m²；集中线荷载不小于 15kN/m； （2）挂篮	（1）支架高度不小于 8m； （2）50m 及以上落地式钢管脚手架工程
桥涵工程	（1）桥梁工程中的梁、拱、柱等构件施工； （2）边通航边施工作业； （3）上跨或下穿既有公路、铁路、管线施工	（1）在三级及以上通航等级的航道上进行的水上水下施工； （2）转体施工

一、悬臂现浇法主要施工工艺流程

悬臂现浇法施工工艺流程见图 12-3。

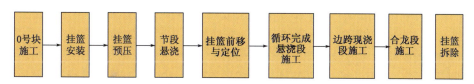

图 12-3　悬臂现浇法施工工艺流程

二、悬臂现浇法主要施工工艺要点

1.0 号块施工

中墩施工完毕后，利用落地支架（图 12-4）或托架（图 12-5）进行 0 号块现浇施工。落地支架可采用满堂式支架或梁柱式支架从地面搭设；托架是利用预埋件与钢构件拼制联结而成的支架。0 号块支架适用范围及特点见表 12-3。

图 12-4　落地支架

图 12-5　托架

0 号块支架适用范围及特点 表 12-3

序号	支架类型	一般适用范围	特　点
1	落地支架	墩身高度≤20m	需要进行地基处理，支架搭设工作量大
2	托架	墩身高度>20m	不受水文地质条件影响、不需基础处理；安装精度要求高

在0号块支架搭设及底模安装后,进行预压。对于墩顶设置支座的混凝土连续梁,0号块底模安装前应先进行支座安装及临时固结。0号块支座安装见图12-6,0号块临时固结见图12-7。

图12-6　0号块支座安装

图12-7　0号块临时固结

支架预压可采用堆载预压法、水袋预压法或反力架预压法逐级进行。堆载预压使用砂(土)袋预压时,应采取防雨措施。预压荷载分布应模拟需承受的结构荷载及施工荷载,并分级预压、观测,预压荷载应为最大施工组合荷载的1.1倍,待沉降和变形稳定后终止预压,逐级卸载、观测。预压一般分3级,分别按预压荷载的60%→80%→100%进行,各级加载后静停1h测量竖向变形值,最后一级加载后静停24h开始分级卸载,并逐级观测弹性变形值。0块支架预压见图12-8。

a)堆载预压

b)水袋预压

c)反力架预压(上部)

d)反力架预压(下部)

图12-8　0号块支架预压示意图

0号块模板一般采用定型组合钢模板,人工配合汽车吊、塔吊等起吊设备安装。

钢筋一般采用现场绑扎,预应力管道及预埋件在钢筋绑扎过程中穿插进行。

混凝土多采用泵送一次性浇筑,腹板中下部混凝土通过内模开孔方式顺桥向从两端向中间对称分层浇筑,混凝土坍落度宜为180~220mm。

混凝土浇筑完成后进行顶面拉毛处理,覆盖洒水养生。混凝土养护规定见表12-4。

混凝土洒水养护规定 表12-4

序号	分类	养护要求
1	一般	不小于7d
2	特殊	根据环境温度、湿度、水泥品种、外加剂和掺和料等情况酌情延长
		气温低于5℃时,应采取保温养护措施,不得洒水养护

待混凝土强度和弹性模量(或龄期)达到要求后,张拉预应力筋并及时压浆封锚。预应力张拉之前,宜对不同类型的孔道进行至少一个孔道的摩阻测试,通过测试所确定的摩阻系数(μ)值和偏差系数(k)值宜用于对设计张拉控制应力的修正。压浆一般采用真空辅助压浆工艺,压浆前孔道真空度宜稳定在-0.06~-0.10MPa范围内。压浆时,竖向孔道压浆的压力宜为0.3~0.4MPa;水平或曲线孔道压浆压力宜为0.5~0.7MPa;超长孔道最大注浆压力不宜超过1.0MPa;关闭出浆口后宜保持一个不小于0.5MPa的稳压期,稳压时间宜为3~5min。预应力张拉设计未规定混凝土强度、弹性模量时,一般按表12-5要求。

张拉预应力设计未规定强度、弹性模量时一般要求 表12-5

序号	指标	设计未规定时,要求
1	强度	不小于设计强度的80%
2	弹性模量	不小于混凝土28d弹性模量的80%

2.挂篮拼装

0号块纵向预应力张拉、压浆完毕后,对称平衡进行两侧挂篮拼装,见图12-9。

图12-9 挂篮对称拼装

首先清理桥面,放样轨道线,安装轨道垫梁及挂篮走行轨道,并用轨道压梁将轨道锚固在梁面上。

分片吊装主桁,安放在走行轨道上,临时固定后安装横向连接及后锚。

安装横梁、吊带等悬吊系统后,再依次安装底篮系统、模板系统和工作平台,一般底篮系统宜拼装成整体后进行安装。

3. 挂篮预压

挂篮预压是为了检验挂篮的实际承载能力和安全可靠性,消除体系的非弹性变形,获得相应荷载下的弹性变形数据。挂篮预压荷载可按预压荷载的25%、50%、75%、100%进行。

挂篮拼装完成后,分级预压、观测,预压荷载应为最大施工组合荷载的1.2倍,待沉降和变形稳定后终止预压,逐级卸载、观测。

预压可分为堆载预压法、水箱(水袋)预压法和反力架预压法,当堆载预压采用砂(土)袋预压时,应采取防雨措施。

挂篮测点宜布置在前后支点上下横梁、后横梁等部位的两侧及中部相应位置。一般每级加载完毕1h后测量挂篮变形值。全部加载完毕后宜每隔1h测量1次测点变形值,连续预压4小时,当最后测量时段的两次变形量之差小于2mm是即可结束。

4. 节段悬浇施工

将1号梁段与0号块的混凝土结合面凿毛并清理干净,接缝面凿毛应在距混凝土外缘2~3cm进行,并使接缝面露出75%以上新鲜混凝土。凿毛时的混凝土强度为:人工凿毛不小于2.5MPa,机械凿毛不小于10MPa。

挂篮定位后,先对模板进行清理,然后绑扎底、腹板钢筋并安装预应力管道及预埋件,再安装内模,最后绑扎顶板钢筋。

同一墩两侧挂篮混凝土应对称平衡进行浇筑,混凝土浇筑时,从挂篮前端向后端分层浇筑并及时振捣(图12-10)。

图12-10 同一墩两侧挂篮对称平衡浇筑

顶板混凝土浇筑完成后,及时拉毛并覆盖养护。待混凝土强度达到设计要求后拆除端模、松内模及侧模,混凝土强度和弹性模量(或龄期)达到要求后进行预应力筋穿束、张拉及压浆工作。

5. 挂篮前移与定位

纵向预应力束张拉、压浆完成,压浆强度达到设计要求后移动挂篮,施工步骤为:接长挂篮轨道→解除底模、侧模锚固→底模平台下降→放松挂篮后锚→解除挂篮后锚→安装挂篮行走千斤顶→顶推挂篮前移→安装后锚。

安装前节轨道垫梁及轨道,两侧轨道中心距误差不应大于5mm,前后轨道用连接板和螺栓连接成整体并用压梁锚固。

安装后端侧面移动吊杆,使后下横梁悬吊在竖向平联上,拆除锚固在梁面上的后下横梁吊杆。

将底篮后端下放,再将前下横梁下放,保持底篮水平,拉起滚动吊架,下放承重吊架,下放内滑梁、外滑梁、外导梁吊杆,使外侧模及内模脱离箱梁混凝土底面。

拆除后锚杆,使反扣轮徐徐受力,用液压千斤顶向前推动挂篮,行走速度不宜大于10cm/min,逐个拆除挡住反扣轮前进的轨道上压梁,并及时在反扣轮后重新安装轨道上压梁,直到挂篮前移到位。挂篮前移时,滑梁保险必须安装齐全,防止滑梁滑落。

安装后锚杆,拆除承重吊架吊杆,前移承重吊架并锚固,再拆除滚动吊架吊杆,并前移滚动吊架,安装后下横梁吊杆,调整底篮及模板标高,进行2号梁段的施工。如此循环,对称进行各悬浇节段的施工。

6. 边跨现浇段施工

边跨现浇段采用支架法施工,混凝土浇筑顺序宜靠近边墩(台)的先浇,逐段向合龙段靠拢,并逐渐调整现浇梁段的标高,使合龙高差在允许误差范围内。合龙前对称点允许高差见表12-6。

合龙前对称点允许高差　　　　　表12-6

序号	跨径(m)	允许值(mm)
1	$L \leq 100$	20
2	$L > 100$	$L/5000$

7. 合龙段施工

合龙段一般采用吊架法施工。合龙的顺序按设计要求进行,一般为先边跨,后中跨。施工步骤如下:

(1)在合龙段上方安装吊架,并调整就位,再安装模板,绑扎钢筋,连接预应力管道。

(2)在梁体悬臂端配重(图12-11),焊接安装合龙段劲性骨架(图12-12)及张拉临时预应力束,选择一天中最低气温时完成混凝土浇筑,混凝土浇筑时同步解除配重。合龙段混凝土宜采用微膨胀混凝土,且比梁体混凝土提高一等级。

图12-11　悬臂端配重

图12-12　合龙段劲性骨架

(3)凝土达到设计张拉强度后,对称张拉梁体通长预应力筋,及时进行孔道压浆、封锚。

(4)对于连续梁应按设计要求拆除墩顶临时固结,完成体系转换(图12-13)。

图12-13　0号块临时固结解除

8.挂篮拆除

挂篮拆除顺序:底模系统→侧模系统→吊带→前、中、后横梁→主桁架→底座。

吊带系统在主桁架拆除之前拆除,行走锚固系统在主桁架拆除后进行拆除。侧模、底模系统采用卷扬机整体吊放,主桁架利用吊机分解拆除。跨越既有线的挂篮,应先退至0号块附近安全位置再拆除,首先松开挂篮外模,利用外滑梁将其悬挂并缓慢下放,底部置于底模横梁上;再将挂篮底模平台下降一定高度,保证挂篮后退时底模平台不被梁体底板卡住。

在施工全过程应对每一施工梁段的中线、高程及预拱度等,进行严格监测和控制,以保证成桥线形与内力状态符合设计要求。

第三节　悬臂现浇法施工安全风险分析

悬臂现浇法施工中存在的一般安全风险有物体打击、触电、起重伤害、机械伤害、车辆伤害、淹溺、火灾等。根据悬臂现浇法施工的工艺及高处作业特点,还存在支架垮塌、挂篮倾覆、高处坠落、梁体倾覆等特有风险。

(1)支架垮塌:地基处理不到位、支架材料强度不足、未按要求搭设、违规堆载等原因导致支架失稳、垮塌。

(2)挂篮倾覆:挂篮未按设计锚固、轨道走行限位卡失效、悬吊系统损伤或强度不足、违规操作等造成的挂篮失稳、倾覆。

(3)高处坠落:因挂篮、成型梁段临边防护不到位或违规作业导致人员坠落。

(4)梁体倾覆:0号块临时固结不牢、两端挂篮同步行走不同步、两端混凝土未对称平衡浇筑等造成梁体倾覆。

第四节　悬臂现浇法施工安全控制要点

(1)悬臂现浇法施工涉及的工种有架子工、模板工、钢筋工、混凝土工、张拉工、电工、电焊工、测量工、设备操作驾驶员等,其中架子工、电工、电焊工等特种作业人员及起重设备操作驾驶员必须持证上岗。

(2)挂篮须由具备相应资质的单位进行专项设计、制造,挂篮与悬浇梁段混凝土的质量比不宜大于0.5,且挂篮的总质量应控制在设计规定的限重之内;挂篮的最大变形(包括吊带变形的总和)应不大于20mm;挂篮在浇筑混凝土状态和行走时的抗倾覆安全系数、自锚固系统的安全系数、斜拉水平限位系统的安全系数及上水平限位的安全系数均不应小于2。进场后应进行试拼,全面检查其制作及安装质量,符合设计要求并组织相关单位进行验收后方可投入使用。

(3)悬挂吊带应使用钢板吊带,严禁使用精轧螺纹钢代替。

(4)挂篮安装、拆除及走行不得在夜间进行,其他夜间施工时应保证照明充足。

(5)挂篮底模选择四点或六点起吊,吊装过程中要尽量保持底模水平,在四角设缆风绳并派专人指挥(图12-14)。挂篮侧模采用两台卷扬机起吊,一台主吊、一台副吊,主吊起吊时,副吊辅助将模板缓缓竖起(图12-15)。

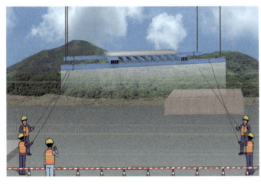
图12-14 底模起吊缆风绳设置

图12-15 侧模采用主、副吊起吊

(6)挂篮后锚系统所用的精轧螺纹钢,安装时须竖直受力,不得倾斜,一般采用提前预埋PVC管预留孔洞,PVC管内径比精轧螺纹钢直径大15~25mm,确保精轧螺纹钢安装竖直;精轧螺纹钢用连接器连接时,接长端需用油漆画出1/2连接器长度,应确保两端头在连接器内的长度一致。

(7)挂篮锚固系统所用精轧螺纹钢应拧出螺母3cm以上,并应设置双螺帽。

(8)定期检查挂篮的精轧螺纹钢、吊带是否有损伤、弯曲变形的情况,螺栓的紧固、塞垫情况,以及构件焊缝情况。

(9)挂篮走行前,应确保行走轨道相接处平整无错台,轨道接头错位小于2mm,前支腿处限位板设置到位;挂篮以外的杆件或物体不影响挂篮走行。

(10)挂篮走行应以千斤顶或倒链作为动力,不应使用卷扬机钢丝绳牵引。

(11)挂篮应由专人维护、使用,行走时应设专人观察、指挥,并保持同步、平稳,挂篮的主桁架、底模及上下挂篮通道等不得站人。

(12)同一T构上的两套挂篮必须同步对称走行,走行过程中同一挂篮两侧主桁行程要保持一致,轴向正确。直线地段同一只挂篮的左右两片桁架走行前后位置相差不大于10cm,曲线地段根据曲线设计参数进行调整,确保单个挂篮两侧主桁架处在同一法线上。

(13)严禁挂篮偏压、超载堆放材料,造成挂篮倾覆。

(14)在搬运、安装精轧螺纹钢时,防止碰撞造成碰伤、弯曲,严禁将精轧螺纹钢作为电焊接地地线使用,吊杆、后锚用精轧螺纹钢,外露部分应采取有效保护措施,一般采用外包 PVC 管进行保护。

(15)横向预应力筋张拉时,必须设置专用工作平台或吊篮,确保作业人员安全。

(16)跨江、跨河施工时,作业平台应配备水上救援器材。

(17)上下梁面设置专用通道,墩身高度小于 5m 的,一般设置钢斜梯;墩身高度在 5~40m 时,常设置梯笼;墩身高度不小于 40m 的宜安装附着式施工电梯。跨线施工时,应采用全封闭挂篮(图 12-16)或搭设安全防护棚(图 12-17)。

图 12-16　全封闭式挂篮

图 12-17　安全防护棚架

(18)跨越交通要道施工时,配备交通疏导员,组织好过往行人及车辆,确保人员、车辆的安全(图 12-18)。

a)

b)

图 12-18　跨路施工交通疏导

(19)当遇到大雨、雷雨、高温、6 级及以上大风等恶劣天气时,应停止脚手架安拆、挂篮安拆及移动、起重吊装等高处露天作业。

(20)悬臂施工应对称、平衡地进行,两端悬臂上荷载的实际不平衡偏差不得超过设计规定值。

第十三章 PART 13
移动模架法施工

第一节　移动模架法施工概述

一、移动模架法定义

移动模架法是采用可在桥墩上纵向移动的支架及模板,在其上逐跨现浇梁体混凝土,并逐跨施加预应力的施工方法。

移动模架法适用于跨路、跨河、多跨、中跨径的单箱梁、双箱梁等各种断面的桥梁施工。

二、移动模架构成及分类

移动模架主要由主梁导梁系统、吊架支承系统、模板系统、移位调整系统、液压电气系统及辅助设施等部分组成。

常用的移动模架有上行式移动模架(图13-1)和下行式移动模架(图13-2),上、下行移动模架优缺点对比见表13-1。

图13-1　上行式移动模架

图13-2　下行式移动模架

上、下行移动模架优缺点对比表　　　　　　　　　　　　表13-1

序号	类别	定　义	优　点	缺　点
1	上行式	主承重梁在模板系统上方,借助已成型箱梁位移过孔	不受墩高和首末跨限制;主梁上可设起重设备、雨棚,作业空间相对封闭;过孔速度快	整机重心较高、自重大,终张拉后方可过孔,制梁周期长
2	下行式	主承重梁在模板系统下方,借助桥墩(台)位移过孔	整机重心较低,稳定性好,初张拉后即可过孔,制梁周期短	墩高低于托架高度的不宜采用,首末跨施工须设临时支墩,墩旁托架倒装麻烦,过孔速度慢、自重轻

第二节　移动模架法施工工艺流程及要点

移动模架法施工属于危险性较大的分部分项工程,施工前必须编制专项施工方案,并进行专家论证、审查见表13-2。

危险性较大的分部分项工程（节选）　　　　　　表 13-2

类别	须编制专项施工方案的工程项目	须专家论证、审查的工程项目
大型临时工程	移动操作平台工程	移动模架
桥涵工程	(1) 桥梁工程中的梁、拱、柱等构件施工； (2) 施工船作业； (3) 边通航边施工作业； (4) 上跨或下穿既有公路、铁路、管线施工	在三级及以上通航等级的航道上进行的水上、水下施工
起重吊装工程	(1) 采用非常规起重设备、方法，且单件起吊质量在 10kN 及以上的起重吊装工程； (2) 采用起重机械进行安装的工程； (3) 起重机械设备自身的安装、拆卸	(1) 采用非常规起重设备、方法，且单件起吊质量在 100kN 及以上的起重吊装工程； (2) 起吊质量在 300kN 及以上的起重设备安装、拆卸工程

一、移动模架法施工工艺流程

移动模架法施工工艺流程见图 13-3。

图 13-3　移动模架法施工工艺流程

二、移动模架法施工工艺要点

1. 移动模架安装

移动模架一般在桥下就地拼装，以千斤顶、汽车吊等机械设备为主，人工配合拼装。拼装场地应平顺、无积水，场地尺寸及地基承载力应满足主梁整体拼装的要求。

（1）下行式移动模架安装

下行式移动模架安装工艺流程见图 13-4。

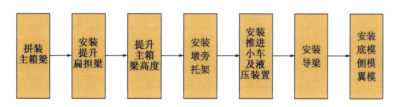

图 13-4　下行式移动模架安装工艺流程

（2）上行式移动模架安装

上行式移动模架安装工艺流程见图 13-5。

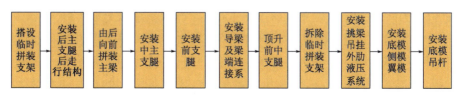

图 13-5　上行式移动模架安装工艺流程

2. 加载预压

移动模架拼装完成后,在首孔梁的浇筑位置就位后进行预压试验。通过堆载预压消除模架拼装的非弹性变形,测算模架承受施工荷载时的弹性变形,再结合箱梁张拉后的上拱度计算出模架底模的预拱度,同时检查模架各部位结构的强度和稳定性。

预压荷载应为模架需承受全部荷载的 1.05~1.1 倍,预压材料可采用砂(土)袋、水箱(水袋)或预制块等,使用砂(土)袋预压时应采取防雨措施,见图 13-6、图 13-7。

图 13-6 沙(土)袋堆载预压

图 13-7 沙(土)袋堆载预压防雨措施

逐级进行模架的加载、观测和卸载、观测。观测点设在跨中、1/4 跨和梁端处,见图 13-8。

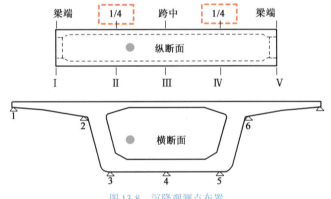

图 13-8 沉降观测点布置

3. 梁体制作

根据加载预压结果进行移动模架挠度分析,依据挠度分析结果设置底模预拱度,然后绑扎底板、腹板钢筋,并安装预应力管道及预埋件,再安装内模,最后绑扎顶板钢筋。

钢筋在加工厂集中制作,运至现场绑扎成型。下行式移动模架还可采用钢筋骨架整体吊装方式进行安装。

预应力管道和接头应有足够的密封性,以确保不漏浆、不漏气。预应力管道采用"井"字形或"U"形定位钢筋进行固定,一般间距不大于 0.8m,特殊情况不大于 0.5m。

混凝土采用泵送方式进行浇筑,采用水平分层、斜向分段,由两端向中间阶梯式推进一次性浇筑完成,按照底腹板倒角→底板→腹板→顶板的浇筑顺序施工。首孔混凝土在顺桥向从桥台(过渡墩)向悬臂端进行浇筑,中间孔从悬臂端向已浇梁段推进浇筑,末孔从一联中最后一个墩位处向已浇梁推进浇筑。

混凝土浇筑分层下料厚度不超过30cm,上层混凝土必须在下层混凝土初凝之前浇筑,腹板混凝土浇筑必须同步对称进行,避免内模偏位。

混凝土采用插入式器振捣,一般采用直径50mm振捣棒振捣,钢筋密集部位采用30mm振捣棒加强振捣,振捣上层混凝土时振捣棒需插入下层混凝土至少10cm,人工配合提浆整平机进行收浆整平。

混凝土浇筑完成后,进行拉毛处理,并覆盖洒水养护,养护期不少于14d。当气温低于5℃时,应采取保温养护措施,不得向混凝土面上洒水。

端模应在混凝土强度能保证其表面及棱角不致因拆模而受损坏时方可拆除,一般不小于2.5MPa。预应力张拉前应拆除内模,内侧模拆除时混凝土抗压强度不小于2.5MPa,内顶模拆除时混凝土抗压强度不小于设计强度等级的75%。

混凝土满足设计、规范对强度和弹性模量(或龄期)的要求后进行预应力张拉,设计无要求时强度不低于设计值的80%且弹性模量不低于28d设计值的80%。预应力张拉一般采用单端张拉,对曲线预应力筋,应根据施工计算的要求采取两端张拉或一端张拉的方式进行,当锚固损失的影响长度小于或等于$L/2$(L为结构或构件长度)时,应采取两端张拉;当锚固损失的影响长度大于$L/2$时,可采取一端张拉。张拉端位于移动模架前端,张拉时以张拉力控制为主,伸长值进行校核。

预应力筋张拉后进行孔道压浆,一般采用真空辅助压浆工艺且应在48h内完成,压浆前孔道真空度宜稳定在$-0.06 \sim -0.10$MPa范围内。孔道压浆浆液性能指标见表13-3。

孔道压浆浆液性能指标 表13-3

序 号	项 目		性 能 指 标
1	水胶比		0.26~0.28
2	凝结时间(h)	初凝	≥5
		终凝	≤24
3	流动度(25℃)(s)	初始流动度	10~17
		30min 流动度	10~20
		60min 流动度	10~25
4	泌水率(%)	24h 自由泌水率	0
		3h 钢丝间泌水率	0
5	压力泌水率(%)	0.22MPa(孔道垂直高度≤1.8m)	≤2.0
		0.36MPa(孔道垂直高度>1.8m)	
6	自由膨胀率(%)	3h	0~2
		24h	0~3
7	充盈度		合格
8	抗压强度(MPa)	3d	≥20
		7d	≥40
		28d	≥50
9	抗折强度(MPa)	3d	≥5
		7d	≥6
		28d	≥10

压浆完成后,应及时对外露预应力筋、锚具做防锈、防腐处理并封锚。

4. 开模、前移、循环制梁

(1) 下行式移动模架开模、前移步骤

张拉注浆完成后,收缩前后承重油缸,依靠模板自重整体脱模;拆除模板连接螺栓和横梁连接销轴,开启横向开模液压缸,模板横梁带动模板向外打开,使模板让开桥墩准备过孔。

启动推进小车上的纵移油缸顶推主梁,使设备移动过孔;移动模架纵移到位后进行合模,并安装模板连接螺栓和横梁连接销轴;合模完成后顶升主千斤顶,使模架至箱梁的设计高程位置,并通过推进平车上的横向移动液压缸和纵向顶推液压缸,对主梁进行微调使平面位置符合设计要求。见图13-9。

图13-9　下行式移动模架过孔

(2) 上行式移动模架开模、前移步骤

张拉压浆完成后,中后支腿油缸回收,模板整体下落;拆除底模吊杆、底模外肋对接螺栓,通过横移油缸顶推外肋,使模板横向完全打开;降低中柱支腿高度,使前辅助支腿受力,中、后支腿油缸完全收回脱空,后支腿轮落在钢轨上,调整前辅助支腿平移装置,满足平面位置,启动行走机构电机,使模架前移至下一孔位。中、后支腿顶推至设计高程,起吊小车将前辅助支腿吊至前一孔,并在墩顶就位,外模横向合龙完成合模。安装吊杆并调整模板。见图13-10。

图13-10　上行式移动模架过孔

如此往复循环直至箱梁浇筑完毕。

5. 移动模架拆除

(1) 下行式移动模架拆除

拆除顺序遵循从上到下,从前往后的原则,首先拆卸上部底模板、侧模板、前吊架和后门架,再拆除导梁、主梁、托架等模架。

（2）上行式移动模架拆除

拆除顺序与安装顺序相反,先对称拆除吊杆、底模架、侧模架,再拆除挑梁、主梁、支腿等模架。

第三节　移动模架法施工安全风险分析

移动模架法施工过程中,存在的一般安全风险主要有机械伤害、车辆伤害、触电、淹溺、火灾等,特有安全风险有起重伤害、高处坠落、模架倾覆、物体打击等。

（1）起重伤害：起重吊装作业中,吊物脱钩砸人、钢丝绳断裂伤人、吊物移动时撞人以及起重设备倾覆等。

（2）高处坠落：高处作业时,因临边防护或个人防护不到位等导致的作业人员坠落。

（3）模架倾覆：移动模架结构设计存在缺陷,安装、前移、拆除等违章作业造成的模架断裂、倾覆。

（4）物体打击：横移开模、前移过程中模架上杂物未清理干净导致高空坠物伤人。

第四节　移动模架法施工安全风险控制

（1）移动模架法施工涉及的工种主要有架子工、钢筋工、模板工、混凝土工、张拉工、电工、电焊工、测量工、设备操作司机等,其中架子工、电工、电焊工等特殊工种及起重机械作业人员须持证上岗。

（2）移动模架进场前应由施工单位组织设备物资等部门技术人员对资料进行查验,检查资料包括厂家生产资质、产品合格证,以及设计图、方案说明及结构受力计算书等设计文件。

（3）移动模架的操作人员必须接受制造厂家组织的培训,并取得培训合格证书。

（4）移动模架安装、移动和拆除不得在夜间进行。其他夜间施工时应有足够照明,光束不得直接照射机械操作和指挥人员。

（5）移动模架的现场安装、移动和拆除过程中须有施工技术人员和安全管理员现场指导,统一指挥。

（6）施工材料等不得堆放在移动模架两侧翼缘板通道上,应保持通道畅通。

（7）移动模架操作平台上,3人以上不得聚集一处,严禁向下乱抛杂物,下班时应清扫和整理好料具。模架横移、前移过程中除模架操作人员,禁止其他人员逗留站立在模架上。

（8）临边及危险部位应设置防护设施及安全警示标牌,平台、过道板铺设应牢固,不得留有空隙,跨路施工应采取防漏、防抛等措施,见图13-11、图13-12。

（9）移动模架下方两侧应设置安全警戒,禁止无关人员进入。有通航要求的水上作业时,按海事、航道管理部门要求设置航标、警示标志,见图13-13、图13-14。

（10）水上作业时,应配备救生圈、救生衣等应急物资,见图13-15。

图13-11 临边防护栏杆

图13-12 安全警示标识牌

图13-13 海上作业警示标志

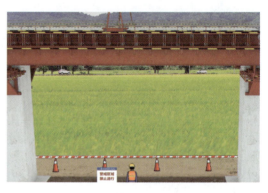
图13-14 移动模架下方安全警戒

a) b)

图13-15 水上作业应急物资配备

（11）移动模架上的施工临时用电应符合临时用电规定，输电线路与模架长时间接触部位应穿管保护，且移动模架过孔时应派专人对电缆线进行看护。

（12）高处电焊、气割作业时，作业区周围和下方应采取防火措施，按要求配备消防器材，并应设专人巡视。

（13）混凝土浇筑前，应对模架各部件及安全措施进行全面检查；浇筑过程中，应设专人值守，并对模架的变形进行检查、观测。

（14）张拉用的千斤顶与压力表应配套标定、配套使用，当使用时间超过 6 个月、张拉次数超过 300 次、使用过程中千斤顶或压力表出现异常情况、千斤顶检修或更换配件后，均应重新进行配套标定。

（15）预应力筋张拉时设置挡板，千斤顶端部不得站人，以防预应力筋断裂、夹片飞出、张拉设备出现故障伤人；压浆时，作业人员应站在侧面。

（16）移动模架过孔、混凝土浇筑及支撑托架安装前必须进行安全检查，无记录和责任人未签字的不得进行后续作业。

（17）作业班组上下班时，应对移动模架的临时锁定和锚固措施进行检查确认，并定期对设备进行维护保养。

（18）移动模架开模、过孔时，应配备专用通信工具，确保各作业部位通信指挥顺畅。

（19）夜间施工的所有机械设备、机具及防护装置均应粘贴反光条或反光标志。

（20）当遇到大雨、雷雨、高温、6 级及以上大风等恶劣天气时，应立即停止移动模架安装、移动、拆除等高处露天作业及起重吊装作业，雨天严禁露天电焊作业。

第十四章 PART 14
悬臂拼装法施工

第一节　悬臂拼装法施工概述

悬臂拼装法是在以桥墩为中心顺桥向两侧,利用专用设备对称平衡地逐段向跨中拼装混凝土梁体预制块件,并逐段施加预应力的施工方法。悬臂拼装法优缺点见表14-1。

悬臂拼装法优缺点对比表　　　　表14-1

序号	优点	缺点
1	预制节段可与下部构造同时施工,大大缩短了建桥工期	梁段接缝采用穿束预应力筋连接张拉,结构整体性相对悬臂现浇法较差
2	张拉预应力时,相对悬臂现浇法梁段混凝土龄期长,成梁后混凝土收缩徐变小	节段拼装时可调余地相对较小,不确定因素多,施工变形控制难度相对较大
3	预制场或工厂化的梁段预制,有利于整体施工质量控制	起吊大块预制梁段时,对预制场地、设备等配置要求高,导致造价偏高

悬臂拼装法适用于跨越江河、深谷、交通道路等条件下的高墩、大跨度混凝土连续梁,特别是工程量大和工期较短的梁桥施工。见图14-1、图14-2。

图14-1　跨河悬臂拼装

图14-2　跨路悬臂拼装

悬拼按照起重吊装方式的不同分为:架桥机悬拼、悬拼吊机悬拼、浮吊悬拼、缆索起重机悬拼等,见图14-3～图14-6。悬臂拼装方式对比见表14-2。

图14-3　架桥机悬拼法

图14-4　悬拼吊机悬拼法

图 14-5 浮吊悬拼法

图 14-6 缆索起重机悬拼法

悬拼方式对比表　　　　　　　　　　　　　　表 14-2

序号	悬拼方式	适用范围及特点
1	架桥机法	梁段沿桥梁纵向运至安装下方困难或桥孔较多时的梁段拼装，相对于悬拼吊机安全性较高
2	悬拼吊机法	适用跨越既有线路、河流、海洋的悬臂拼装桥梁，设备相对简单，安全风险高
3	浮吊拼装法	辅助设备少，施工速度较快，但对水文环境要求高，机械台班费用高，故只在深水环境下架设 0 号块、1 号及 2 号梁段，其余梁段可采用悬拼吊机拼装
4	缆索起重机悬拼法	具有作业跨度大、起重高度高等特点，不受地形条件限制，适用于深谷、急流和受通航限制的河道及江面上的桥梁施工

目前公路工程悬臂拼装法施工中多采用架桥机法进行悬臂拼装。

第二节　悬臂拼装法施工工艺流程及要点

悬臂拼装法施工属于危险性较大的分部分项工程，施工前须编制专项施工方案，超过一定规模的须专家论证、审查见表 14-3。

危险性较大的分部分项工程（节选）　　　　　　　表 14-3

类别	须编制专项施工方案的工程项目	须专家论证、审查的工程项目
大型临时工程	支架高度不小于 5m；跨度不小于 10m，施工总荷载不小于 10kN/m²；集中线荷载不小于 15kN/m	(1) 支架高度不小于 8m； (2) 50m 及以上落地式钢管脚手架工程
桥涵工程	(1) 桥梁工程中的梁、拱、柱等构件施工； (2) 施工船作业； (3) 边通航边施工作业； (4) 上跨或下穿既有公路、铁路、管线施工	(1) 开敞式水域大型预制构件的运输与吊装作业； (2) 在三级及以上通航等级的航道上进行的水上、水下施工
起重吊装工程	(1) 采用起重机械进行安装的工程； (2) 起重机械设备自身的安装、拆卸	起吊质量在 300kN 及以上的起重设备安装、拆卸工程

一、悬臂拼装法施工工艺流程

悬臂拼装法施工工艺流程见图 14-7。

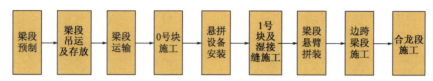

图14-7 悬臂拼装法施工工艺流程图

二、悬臂拼装法主要施工工艺要点

1. 梁段预制

梁段预制主要分为长线预制法和短线预制法,其优缺点见表14-4。

梁段预制优缺点对比表　　　　表14-4

序号	预制方法	优缺点
1	长线法	台座上相互匹配预制节段较多,节段预制场地较大,成桥线形较好
2	短线法	只采用一套模板进行节段预制,只需相邻节段作为匹配预制,易产生偏差

长线预制是在预制场按梁底缘曲线制成的固定台座上,将一跨或至少半跨梁节段相互匹配预制的方法,见图14-8。

短线预制是指每个节段的浇筑均在同一套模板内进行,利用浇筑好的梁段平移后作为一端端模,另一端为固定模,如此循环完成所有节段预制,见图14-9。

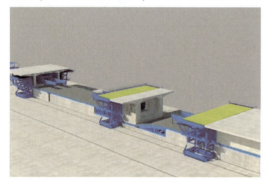

图14-8　长线预制法

图14-9　短线预制法

预制场的布置应便于节段移运、堆放及装车等,场地应平整、坚实,设有排水(图14-10)和养护系统(图14-11),预制台座应稳定、坚固,在荷载作用下,其顶面的沉降应控制在2mm以内。

图14-10　预制场地排水系统

图14-11　预制养护系统

节段钢筋在专用胎架上制成整体骨架后吊装入模,吊装时应设置吊架,采用多点起吊,防止变形,见图14-12、图14-13。

图14-12 在胎架上绑扎钢筋

图14-13 节段钢筋多点起吊

混凝土按先底板、后腹板、再顶板的顺序水平分层浇筑,采用插入式配合附着式振捣器振捣。混凝土浇筑分层厚度不宜大于300mm,插入式振捣器与侧模保持50～100mm的距离,且插入下层混凝土中的深度宜为50～100mm。

混凝土浇筑完成后,进行拉毛处理,并覆盖洒水养护。当气温低于5℃时,应采取保温养护措施,不得向混凝土面上洒水。一般保湿养护时间不宜少于14d,对节段的外立面混凝土宜采用喷湿或其他适宜的方式进行养护。采用蒸养时,节段混凝土全部浇筑完成后静停2～6h,恒温养护温度宜控制在55～65℃之间,保持90%～100%的相对湿度,外界与节段表面温差不大于15℃。见图14-14、图14-15。

图14-14 覆盖洒水养护

图14-15 保温棚蒸汽养护

养护至拆模强度后,通过液压控制系统依次拆除移动端模、内模、外模等。脱模时间应符合设计要求,无设计要求时,混凝土强度不小于75%设计强度等级后方可拆除。脱模时,防止损伤节段混凝土的棱角和剪力键。

脱模后应对各预埋孔道进行清理,对外露铁件进行防锈处理。检查相邻节段孔道接头位置是否准确。吊孔位置允许偏差为5mm,预应力孔道位置偏差节段端部10mm,预应力孔道位置孔径偏差为3mm。

2. 梁段吊运及存放

在压浆强度达到设计强度的80%后方可进行梁体吊移,吊绳与起吊构件的交角小于60°

时应设置吊架或起吊扁担(图 14-16)。

梁段存放时宜采用枕木、橡胶板等进行支垫,存放层数不宜超过两层,层间用枕木隔开,上下层枕木必须在一条直线上,存放时间一般不宜少于 28d。见图 14-17~图 14-19。

图 14-16　起吊扁担

图 14-17　枕木支垫

图 14-18　橡胶支垫

图 14-19　双层存梁

3. 梁段运输

梁段采用龙门吊起吊、运梁平车运输,梁段运输过程中应采取有效的保护及固定措施。梁段支撑点的设置应避免运输设备振动对节段造成不利影响,根据线路上的最大纵、横坡设置纵、横向限位装置见图 14-20、图 14-21。

图 14-20　运梁平车运输及固定

图 14-21　船舶运输及固定

4.0 号块施工

墩顶 0 号块可采用支架现浇或预制安装的方式施工。

(1) 现浇 0 号块及临时固结

利用落地支架或托架进行 0 号块现浇施工,0 号块施工前应对支架逐级进行预压、墩梁结合面进行凿毛处理,预压荷载应为最大施工组合荷载的 1.1 倍。利用预留在墩顶的预应力筋(图 14-22)将 0 号块与墩身连接成整体,并在墩顶与梁底间设置临时支座(图 14-23),临时支座一般采用与梁体同强度等级的混凝土制作。

图 14-22 墩顶预留预应力筋　　图 14-23 临时支座

(2) 0 号块预制、安装及临时固结施工

0 号块在预制场预制,在 0 号块四角箱梁底部各设置一个三向调位千斤顶(图 14-24),吊至墩顶并利用千斤顶将位置调整到位后,对临时支座和永久支座的调平层进行灌浆,现浇 0 号块横隔板,利用墩顶预埋临时预应力筋对墩梁进行锚固,完成墩顶块安装。

为确保悬拼施工平衡和稳定,当临时固结不能满足悬拼要求时,可在 0 号块搭设支架或在墩柱两侧设临时支撑与临时固结共同作用形成临时锚固系统,见图 14-25。

图 14-24 三向调位千斤顶　　图 14-25 墩柱两侧设临时支撑

5. 悬拼设备安装

(1) 悬拼吊机安装

利用起重机械将悬拼吊机构件吊至 0 号块上对称平衡进行两台悬拼吊机拼装,0 号块长度不足时可利用支架完成 1、2 号块拼装后再进行悬拼吊机的拼装。

(2)架桥机安装

在桥头路基或悬拼桥位处,利用起重机械将节段拼装架桥机的承重及导梁系统、悬挂机构、推进系统、起重天车依次安装就位,见图14-26、图14-27。

图14-26　桥头路基拼装

图14-27　桥位拼装

悬拼设备安装完成后,对其分别进行1.25倍设计荷载的静荷载和1.1倍设计荷载的动荷载起吊试验,检验起吊设备安全性。

6.1号块及湿接缝施工

0号块采用现浇时,1号块为悬拼T构的基准梁段,为控制成桥线性1号块与0号块之间一般采用湿接缝相接,湿接缝混凝土浇筑前应对接缝端头进行凿毛处理,凿毛应在距混凝土外缘2~3cm以内进行,接缝面露出75%以上新鲜混凝土面。

提升1号块至设计位置初步定位,测量、调整1号块纵轴线与0号块纵轴线重合,横轴线平行于0号块横轴线,且间距符合要求。利用天车吊具上的卷扬机、电动旋盘、纵向及横向千斤顶进行精确就位。

对称快速焊接定位型钢,先焊接0号块一端,1号块定位准确后,再加强补焊;安装湿接缝底模及侧模,安装湿接缝钢筋、纵向及横向预应力束波纹管,在一天中气温最低时段浇筑湿接缝混凝土,湿接缝一般采用微膨胀混凝土,浇筑完成后及时进行覆盖养护。待混凝土强度达到设计要求后进行预应力筋穿束、张拉,使1号块与0号块紧密结合。

7.悬臂节段拼装

(1)悬臂节段拼装工艺流程

悬臂节段拼装工艺流程见图14-28。

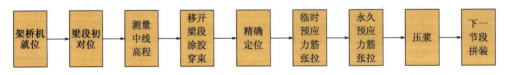
图14-28　悬臂节段拼装工艺流程图

(2)悬臂节段拼装工艺要点

①梁段试拼与定位

桥墩两侧节段对称起吊(图14-29),将两侧待拼梁段对称起吊至桥面高度,在涂胶前进行试拼装。通过吊具液压系统和电动旋盘,调整梁段纵向仰俯、左右倾斜或旋转角度,利用天车主卷扬机调整横向位置,使梁段与已拼梁段精确拼接。

②胶结缝施工

测量中线、高程符合要求后,利用起重天车将节段移开40cm左右,人工自上而下均匀涂胶覆盖整个匹配面,涂抹厚度不宜超过3mm。涂胶前应清除匹配面松散混凝土、浮浆、尘土及油脂等污染物,确保匹配面清洁,并对其进行干燥处理。

胶黏剂宜采用机械拌和,且在施工过程中应连续搅拌并保持其均匀性。

胶黏剂在涂抹和挤压时,应对预应力孔道端口进行防护(图14-30),防止胶黏剂进入孔道,且块件表面温度不低于10℃,涂胶固化过程中块件与胶浆固化温差不高于15℃。

图14-29 对称起吊　　　　　　　　图14-30 预应力孔口保护

③接缝临时预应力筋施工

接缝临时预应力(图14-31)宜采用预应力粗钢筋作为张拉材料,其布置、张拉应符合设计要求,并满足多次重复张拉的作业要求。

对胶结缝施加临时预应力进行挤压时,挤压力宜为0.2MPa,胶黏剂应在梁体的全断面挤出(图14-32),且胶结缝的挤压时间应在3h以内完成。临时预应力筋张拉时,顶板与底板上下同时张拉,横向按先中间后两边的顺序对称张拉。

图14-31 临时预应力筋张拉　　　　　　　　图14-32 胶黏剂挤压

临时预应力筋应在结构永久预应力施工完成,且滞后纵向预应力5个节段后进行拆除,边跨节段临时预应力和中跨最后两个悬拼节段临时预应力待张拉合龙束后方能拆除。

④体内预应力施工

纵向预应力筋穿束在箱梁节段临时预应力钢筋张拉完成后,由卷扬机牵引整束穿入,按设计顺序进行张拉。一般体内纵向预应力束采用两端整体张拉，为减小预应力张拉对 T 构线形的影响，宜采用智能张拉设备，保证 T 构张拉过程中，腹板两端同时张拉，减小对桥梁线型的影响。体内预应力束分级张拉程序为：$0 \rightarrow 25\% \sigma_{con} \rightarrow 50\% \sigma_{con} \rightarrow 80\% \sigma_{con} \rightarrow 100\% \sigma_{con}$（持荷 5min 后锚固）。采用真空辅助压浆工艺进行压浆，压浆前孔道真空度宜稳定在 -0.06 ~ -0.10MPa 范围内。压浆时，竖向孔道压浆的压力宜为 0.3 ~ 0.4MPa；水平或曲线孔道压浆压力宜为 0.5 ~ 0.7MPa；超长孔道最大注浆压力不宜超过 1.0MPa；关闭出浆口后宜保持一个不小于 0.5MPa 的稳压期，稳压时间宜为 3 ~ 5min。

⑤体外预应力施工

体外穿束采用卷扬机牵引，牵引时在支撑架上设置滚轮使体外索沿滚轮滑行，在需要转向处设置导向滑轮使体外索沿弧形方向进入箱体内，确保钢绞线环氧涂层不被破坏，见图 14-33、图 14-34。

图 14-33　支撑架及滚轮

图 14-34　转向处滑轮

张拉遵循对称、分级原则，一般采取单根钢绞线两端对称、箱梁中心线两侧对称的张拉方式，分级张拉力按最终张拉力的 10% → 20% → 80% → 100% 进行控制，以张拉力控制为主，伸长量校核。体外索张拉采用分次匀速张拉，达到张拉控制应力后持续 2min 再锚固。当体外索较长时，采用"悬浮"张拉施工防止反复张拉使夹片失效。

张拉完成后用砂轮机切除多余钢绞线，一般钢绞线留长比保护罩短 10 ~ 20mm。安装减震装置（图 14-35）、防松压板，灌锚具与防松压板之间防腐蜡，涂抹外露钢绞线防腐蜡，最后安装隔离布套及保护罩（图 14-36）。

图 14-35　体外索减振装置

图 14-36　体外索防护罩

8. 边跨梁段施工

边跨梁段可采用支架现浇或架桥机悬挂安装。

（1）支架现浇边跨梁段

利用落地支架进行边跨梁段施工,为确保支架安全和消除非弹性变形,根据实测弹性变形值和施工控制要求确定高程和预拱度,按最大施工组合荷载的 1.1 倍对支架进行逐级预压,采用泵一次连续浇筑完成。

（2）架桥机悬挂安装边跨梁段

①边跨墩顶块安装

参照 0 号块预制吊装施工安装边跨墩顶块。

②梁段悬挂

架桥机天车吊具逐块将拼装梁段吊起,并转换为悬挂吊具挂于架桥机主桁架上。为便于梁段调位与涂胶,吊挂时梁段间相互错开 15~30cm。

③梁段拼装

起重天车移至边跨第一梁段上方,天车主吊具与悬挂吊具用销轴连接,提起梁段并放松悬挂吊杆。调整梁段高程、平面位置及纵、横坡,用型钢将其与墩顶块临时连接固定,锚固悬挂吊杆,释放主天车吊具。

移动天车至第二梁段上方,连接天车主吊具与悬挂吊具,解除悬挂吊杆,少许移动天车将梁段移至安装位置,并调整姿态至精度要求范围。

吊具保持纵、横坡角度不变,提升梁段一定高度,人工涂刷黏结剂。完成后下放梁段与第一梁段拼接。

张拉第一、二梁段间顶、底板间的临时预应力,使两梁段收拢、压紧。

安装第二梁段的悬挂吊杆,解除天车主吊具,移位天车至第三榀梁上方,重复以上步骤直至完成剩余梁段拼装。

将末梁段与相邻悬臂梁段用型钢临时连接固定。

穿入边跨合龙束预应力筋,连接第一段梁与边跨墩、末梁段与悬臂 T 构端湿接缝处断开的预应力管道,解除边跨墩墩顶支座约束,施工该两处湿接缝。

施工边跨体内永久结构合龙预应力,完成边跨墩的合龙。

依次解除悬挂吊具吊杆,完成整个边跨梁段安装施工。

9. 合龙段施工

架桥机将预制合龙梁段吊至桥面高度,将合龙梁段平面位置及高程调整到位后,在箱梁顶面和底板上用型钢将其与两相邻悬臂梁段连接固定,架桥机脱钩后将其吊挂于承重梁上。

为确保梁段就位精确,利用吊杆上的螺帽逐个微调竖向高程（图 14-37、图 14-38）。连接湿接缝处的预应力管道,安装普通钢筋及内、外模板,在完成合龙桥跨后将后跨墩顶块临时锚固解除,拆除临时支座,选择一天中最低温度时段浇筑湿接缝混凝土并养生。

湿接缝混凝土达到规定强度后,分批张拉体内永久结构合龙预应力筋,首批预应力张拉时混凝土强度达到 10MPa,剩余预应力筋张拉时混凝土强大达到 100% 设计强度。拆除型钢劲性骨架装置,完成跨中合龙。

图 14-37　竖向微调上部　　　　　　　图 14-38　竖向微调下部

悬臂拼装法施工过程中,跟踪监测各节段梁体挠度变化情况,控制其中线及高程;当实测梁体线形与设计有偏差时,应及时进行调整。节段悬臂拼装施工质量标准见表 14-5。

节段悬臂拼装施工质量标准　　　　　　表 14-5

序　号	项　　目		允许值(mm)
1	轴线偏位(mm)	L≤100m	10
		L>100m	L/10000
2	顶面高程差(mm)	L≤100m	±20
		L>100m	±L/5000
		相邻节段高差	10
3	同跨对称点高差(mm)	L≤100m	20
		L>100m	±L/5000

第三节　悬臂拼装法施工安全风险分析

悬臂拼装法施工中存在的一般安全风险有物体打击、触电、机械伤害、车辆伤害、淹溺等。根据悬臂拼装法施工的工艺及高处作业特点,还存在起重伤害、支架垮塌、起重设备倾覆、高处坠落等特有风险。

(1)起重伤害:起重作业中,吊物脱钩砸人、钢丝绳断裂伤人、吊物移动时撞人等。

(2)支架垮塌:0 号块及边跨梁段采用支架现浇时,地基处理不到位、支架材料强度不足、未按要求搭设、违规堆载等原因导致支架失稳、垮塌。

(3)起重设备倾覆:未按设计锚固、轨道走行限位卡失效、支垫不规范、基础不坚实及违规操作等造成悬拼吊机、架桥机等大型设备倾覆。

(4)高处坠落:作业平台及成型梁段临边防护不到位、未按要求系挂安全带或违规作业导致人员坠落。

第四节　悬臂拼装法施工安全控制要点

（1）悬臂拼装法施工涉及的工种有架子工、模板工、钢筋工、混凝土工、张拉工、电工、电焊工、测量工、设备操作驾驶员等，其中架子工、电工、电焊工等特种作业人员及起重设备操作驾驶员必须持证上岗。

（2）钢绞线、锚具、夹片等材料进场后，应按规定取样抽检，合格后方可投入使用。

（3）胶黏剂进场后应进行力学性能及作业性能的抽检，其各项性能应满足结构设计与节段拼装施工要求。

（4）运梁车、架桥机及起重设备等须建立日常检查制度，使用前及使用过程中由专人进行检查确认，确保设备作业安全。

（5）梁段运输时，梁段与车、船之间应安装防倾覆固定装置，运输车辆、船只在节段起升后应迅速撤离。

（6）悬拼设备安装、拆除及走行不宜在夜间进行，其他夜间施工时应保证照明充足。

（7）悬拼设备安装完成后，须报特种设备检验部门检验合格后方可投入使用。

（8）悬拼设备行走时应设专人观察、指挥，并保持同步、平稳。

（9）架桥机必须设置有效的限位装置，在轨道有效行程范围内设置缓冲器及端部止挡。

（10）架桥机过孔时，应对架桥机各部件及安全措施进行全面检查，确保架桥机过孔安全。

（11）浮吊设备使用前，应取得当地海事部门及其他相关单位的作业许可。

（12）浮吊上应设置警示灯和其他警示标志，作业时显示水上作业号型、号灯以及信号旗。

（13）梁段起吊安装前，应对悬拼设备及节段梁进行全面检查、验收。

（14）起重吊装及梁段安装作业过程中，应设置施工重地、闲人免进、注意安全、当心落物、禁止翻越等警戒、安全警示标志。

（15）节段悬拼暂停作业时，须切断架桥机上所有机械电源，并对架桥机的临时锁定和锚固措施进行检查确认。

（16）当拼装作业跨越道路、航道时，须实行临时交通管制，严禁行人、车辆和船舶在作业区域下方通行，见图14-39、图14-40。

图14-39　跨路施工临时交通管制

图14-40　跨航道施工临时交通管制

(17)涂胶作业时,设置专用工作平台(图 14-41)或吊篮,确保作业人员安全。

(18)张拉作业时,人员应站在千斤顶侧面,张拉端须设置挡板,以防预应力筋断裂或夹片崩出伤人。

(19)预应力筋需切断时应采用砂轮机、液压钳等工具,禁止采用氧气乙炔切割。

(20)梁面明槽内已张拉的预应力钢束应加以保护,严禁在其上堆放物体或抛物撞击,见图 14-42。

图 14-41　涂胶专用工作平台　　　　　图 14-42　梁面明槽预应力筋保护

(21)水上作业时,作业平台应配备水上救援器材(图 14-43)。

(22)作业平台及成型梁段临边防护到位,防护栏杆高度不小于 1.2m,立杆和横杆应采用直径不小于 48mm 的钢管制作,立杆间距不大于 2m,横杆与上下杆件的间距应不大于 0.6m,钢管涂红白或黄黑相间的反光漆,底部须安装高度不小于 180mm 的挡脚板,并挂过塑钢丝网进行封闭处理。

(23)上下梁面设置专用通道(见图 14-44),墩身高度<5m 的,一般设置钢斜梯;墩身高度在 5~40m 时,常设置梯笼;墩身高度≥40m 的宜安装附着式施工电梯。

图 14-43　水上救援器材配备　　　　　图 14-44　上下梁面专用通道

(24)当遇到大雨、雷雨、高温、6 级及以上大风等恶劣天气时,应停止脚手架安拆、悬拼设备安拆及移动等露天高处作业和起重吊装作业。

第十五章 PART 15
桥面系施工

第一节　桥面系施工概述

一、桥面系定义

桥面系是指桥梁上部结构中,直接承受车辆、人群等荷载,并将其传递到主梁的整个桥面构造系统。

二、桥面系分类及组成结构

公路桥的桥面系通常采用钢桥面和混凝土桥面。钢桥面多用于大跨径钢箱梁工程,主要由桥面铺装、防排水、栏杆、伸缩缝等组成。混凝土桥面可分为现浇梁混凝土桥面(图15-1)和预制梁混凝土桥面(图15-2)。

图 15-1　现浇梁混凝土桥面

图 15-2　预制梁混凝土桥面

现浇梁混凝土桥面系主要由桥面铺装层、防排水设施、防撞护栏和伸缩缝组成。

公路工程中预制梁混凝土桥面系施工工艺复杂,且较为常见。

预制梁混凝土桥面系主要由梁间接缝、防撞护栏、桥面铺装层、防排水设施和伸缩装置组成。

1. 梁间接缝

一般包含铰缝或横梁湿接缝、翼板湿接缝、现浇连续段(图15-3～图15-6),是将预制梁纵、横向连接形成整体的构件。

图 15-3　铰缝

图 15-4　横梁湿接缝

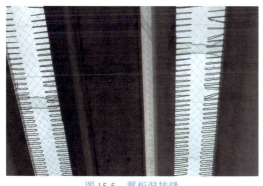

图 15-5　翼板湿接缝　　　　　　　　图 15-6　现浇连续段

2. 防撞护栏

防撞护栏是修建于桥梁两侧防止坠落或冲撞的安全设施,同时具有美化桥梁的功能。

防撞护栏按构造特征可分为梁柱式护栏、钢筋混凝土护栏、金属护栏和组合护栏,见图 15-7～图 15-10。公路桥梁防撞护栏通常采用钢筋混凝土现浇防撞护栏。防撞护栏分类见表 15-1。

图 15-7　梁柱式护栏　　　　　　　　图 15-8　钢筋混凝土护栏

图 15-9　金属护栏　　　　　　　　图 15-10　组合护栏

防撞护栏分类及适用范围　　　　　　　　表 15-1

序号	防撞护栏分类	适 用 范 围
1	梁柱式护栏	美观要求较高或积雪严重的地区
2	金属护栏	钢桥为了减轻恒载
3	组合式护栏	高速公路的桥梁上普遍采用

3. 桥面铺装层

桥面铺装层是保护桥面板,防止车轮或履带直接磨耗,保护主梁免受雨水侵蚀,并分散车轮集中荷载的结构层。常用的桥面铺装有水泥混凝土、沥青混凝土两种形式,见图 15-11、图 15-12。

图 15-11　水泥混凝土铺装层　　　　　　图 15-12　沥青混凝土铺装层

4. 桥面防排水设施

桥面防排水设施主要包括桥面防水层和桥面排水。

桥面防水层是防止桥面雨水向主梁渗透的隔水设施。有刚性和柔性两大类,刚性防水层是指设防水混凝土桥面铺装自防水,柔性防水层可分为防水涂料和防水卷材,一般设在沥青混凝土铺装层之下。

桥面排水是通过横坡、泄水管等迅速将桥面雨水排出,防止雨水滞积、渗入梁体,影响行车安全及结构耐久性的设施。

5. 伸缩装置

桥梁伸缩装置是为了适应桥梁上部结构的气温变化、活载作用、混凝土收缩与徐变等变形需要,保证车辆平稳通过,而设置于桥梁活动端的伸缩装置。

桥面伸缩装置按照伸缩体结构分为模数式、梳齿板式、橡胶式及异型钢单缝式四类,见图 15-13 ~ 图 15-16。桥面伸缩装置分类、组成及适用范围见表 15-2。

图 15-13　模数式伸缩装置　　　　　　图 15-14　梳齿板式伸缩装置

第十五章 / 桥面系施工

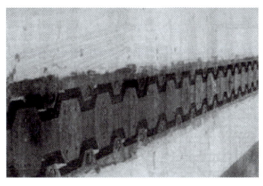

图 15-15　橡胶式伸缩装置

图 15-16　异型钢单缝式伸缩装置

桥面伸缩装置分类、组成及适用范围　　　　表 15-2

序号	伸缩装置类别		伸缩体组成		适　用　范　围
1	模数式伸缩装置		伸缩体由中梁钢80mm的单元橡胶密封带组合而成的伸缩装置		适用于伸缩量为 160～200mm 的公路桥梁工程
2	梳齿板式伸缩装置		伸缩体由钢制梳齿板组合而成的伸缩装置		一般适用于伸缩量不大于300mm 的公路桥梁工程
3	橡胶式伸缩装置	板式橡胶伸缩装置	伸缩体由橡胶、钢板或角钢硫化为一体的板式橡胶伸缩装置		适用于伸缩量小于 60mm 的公路桥梁工程
		组合式橡胶伸缩装置	伸缩体由橡胶板和钢托板组合而成的组合式伸缩装置		适用于伸缩量不大于120mm 的公路桥梁工程
4	异型钢单缝式伸缩装置		伸缩体完全由橡胶密封带组成的伸缩装置	由单缝钢和橡胶密封带组成的单缝式伸缩装置	适用于伸缩量不大于60mm 的公路桥梁工程
				边梁钢和橡胶密封带组成的单缝式伸缩装置	适用于伸缩量不大于80mm 的公路桥梁工程

伸缩装置的未来发展是具有多向变位功能、减振隔振效果明显,低噪环保性能好、养护维修方便的伸缩装置。

第二节　混凝土桥面施工工艺流程及要点

一、混凝土桥面施工工艺流程

预制先简支后连续梁桥面施工相对复杂,较为常见。其施工工艺流程见图15-17。

图 15-17　混凝土桥面施工工艺流程

二、混凝土桥面施工工艺要点

1. 桥面清理

在梁板吊装前应对梁间接缝、负弯矩张拉槽口接缝处凿毛，施作前用清水冲洗干净，保证混凝土结合良好。

2. 梁间接缝施工

梁间接缝具有施工点位多、单次浇筑混凝土方量小，钢筋焊接工作量大等特点，其施工工艺流程见图 15-18。

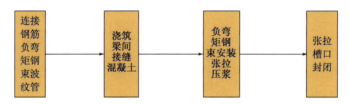

图 15-18　梁间接缝施工工艺流程

3. 防撞护栏施工

防撞护栏施工具有高空吊装作业多、临边作业难度大等特点。

现浇防撞护栏施工必须使用移动工作架施工（图 15-19），特长桥梁可采用混凝土护栏滑模施工（图 15-20）。

图 15-19　移动工作架　　　　　　图 15-20　护栏滑模施工

防撞护栏施工时要注意将泄水管、电缆管箱托架、钢扶手、路灯杆锚固钢板等预埋件安装准确、牢固。

4. 桥面铺装

桥面铺装前应保证桥面平整、粗糙、干燥、整洁。铺筑前洒布黏层沥青。水泥混凝土桥面浇筑前应将桥面清洗干净。

桥面铺装钢筋多采用成品冷轧带肋钢筋焊接网,网片搭接长度不小于35倍钢筋直径,并用扎丝绑紧,采用钢筋网片与梁顶预埋钢筋头焊接,并在空档处加设垫块的方式确保保护层厚度符合设计要求(图15-21)。

沥青混凝土桥面铺装多采用摊铺机摊铺沥青混合料,钢轮压路机和轮胎压路机联合压实,个别位置辅以小型压路机压实,见图15-22。

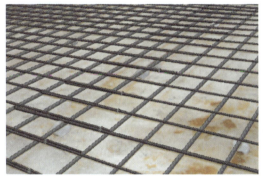

图15-21　网片铺设　　　　　　　　图15-22　沥青混凝土碾压

水泥混凝土桥面铺装一般采用人工摊铺混凝土,振捣梁捣固,辅以插入式振捣器进行补振,再进行收面,见图15-23～图15-26。

图15-23　人工摊铺混凝土　　　　　　图15-24　人工振捣混凝土

图15-25　振捣梁振捣混凝土　　　　　图15-26　混凝土收面

桥面铺装的厚度、材料、铺装层结构、混凝土强度、防水层和泄水孔设置等均应符合设计要求。混凝土桥面铺装施工质量标准见表15-3。

混凝土桥面铺装施工质量标准　　　　　　　　表15-3

序号	项　目			规定值或允许偏差	
1	强度或压实度			符合设计要求	
2	厚度(mm)			沥青混凝土	水泥混凝土
				+10,-5	+20,-5
3	平整度	高速公路、一级公路	IRI(m/km)	2.5	3
			σ(mm)	1.5	1.8
		其他公路	IRI(m/km)	4.2	
			σ(mm)	2.5	
			最大间隙h(mm)	5	
4	横坡(%)	水泥混凝土面层		±0.15	
		沥青混凝土面层		±0.3	
5	抗滑构造深度			符合设计要求	

防水层应横桥向闭合铺设,底层表面应平顺、干燥、干净。防水层不宜在雨天或低温下铺设。

卷材类防水层铺贴时,卷材搭接长度长边不应小于10cm,短边不应小于15cm,上下层卷材应沿同一方向铺设,上下两层和相邻两幅卷材的接缝应相互错开(图15-27)。

防水涂料可用手工涂刷或机械喷涂,厚度应均匀一致,见图15-28、图15-29。

图15-27　卷材防水层铺设

图15-28　防水涂料撒布

跨越公路、铁路、通航河流的桥梁,雨水应汇集至纵向排水管内,再通过墩台竖向排水管排出。

5. 安装桥面伸缩装置

伸缩装置宜在桥面铺装完成后进行安装,伸缩装置安装前,应按照现场的实际气温调整其定位值。安装固定后,两侧过渡段的混凝土宜在接缝伸缩开放状态下进行浇筑,浇筑时应采取措施防止已固定的构件移位。常采取反开槽的方式进行安装(图15-30),安装预留槽口的尺寸应符合设计规定,锚固钢筋的位置准确,槽口清理干净。安装施工工艺一般包括:安装就位、焊接固定、浇筑混凝土、嵌缝。伸缩装置两侧过渡段混凝土应覆盖洒水养护不少于7d。伸缩装置安装质量标准见表15-4。

图15-29　人工涂刷防水涂料

图15-30　反开槽安装伸缩装置

伸缩装置安装允许偏差　　　　表15-4

序号	项目		规定值或允许偏差
1	长度(mm)		符合设计要求
2	缝宽(mm)		符合设计要求
3	与桥面高差(mm)		2
4	纵坡(%)	大型	±0.2
		一般	±0.5
5	横向平整度(mm)		3

当采取先安装再铺装桥面方式时,应采取交通管制、铺钢板,伸缩装置周围采用小型压路机碾压等措施对安装好的伸缩装置进行妥善保护。

第三节　桥面系施工安全风险分析

桥面系工程高空作业多,点位分散,焊接量大,施工中存在的一般安全风险有触电、火灾、车辆伤害、起重伤害等,此外桥面系施工还存在高处坠落、物体打击、灼烫、机械伤害等特有风险。

(1)高处坠落:因梁间接缝、防撞护栏施工临边防护缺失或损坏,作业人员站立或行走不平稳,安全防护用品使用不当等导致的高处坠落。

(2)物体打击:物料掉落桥下,砸伤施工人员或行人造成的物体打击伤害。

(3)灼烫:因梁间接缝、现浇连续段电焊作业无防护措施导致的灼烫伤人。

(4)机械伤害:在负弯矩张拉作业时,钢绞线、夹片弹出、油管爆裂等造成的机械伤害。

第四节　桥面系施工安全控制要点

(1)桥面系施工涉及的工种有钢筋工、混凝土工、模板工、张拉工、电工、电焊工、测量工、设备操作员等,其中电工、电焊工等特殊工种及起重设备操作人员必须持证上岗。

(2)采用高空作业车时,操作人员必须经相关部门培训并取得操作证。

(3)桥面防水材料进场除检查厂家的合格证、出厂日期和自检报告外,还应按要求检验合格后方可使用。

(4)木模板、油性脱模剂、养护塑料薄膜、土工布等易燃料材应分类存放,并设置消防器材。

(5)桥面系施工前桥头两端应设警示标志(图15-31)、栅栏(图15-32),非施工人员严禁入内。桥面应按规定做好临边防护,上下行桥之间及梁间接缝空隙处应满布安全网(图15-33)。

(6)作业人员穿越桥梁中分带时应走专用通道(图15-34),不得跨越左右幅间空隙。

图15-31　桥头警示标志

图15-32　桥头防护栅栏

图15-33　桥面系上下行空隙处安全防护

图15-34　跨梁缝专用通道

(7)防撞护栏施工时,钢筋、模板安装及混凝土施工人员必须系安全带,安全带系于预埋钢筋上。

(8)进入桥面系施工现场的机械、车辆应由专人指挥,注意低速行驶,避让空洞,防止倾翻。

(9)作业人员要注意前后车辆行进路线,多观察,及时避让。

(10)现浇连续段、无法避让的张拉槽口等孔隙、孔洞覆盖厚钢板,并固定牢固,确保车辆安全通行。具体见表15-5孔洞防护要求表。

孔洞防护要求表　　　　　　　　　　　表15-5

序号	孔洞类型	孔洞防护要求
1	竖向洞口短边边长<500mm	采取封堵措施
2	垂直洞口短边边长≥500mm	在临空一侧设置高度>1.2m的防护栏杆,并采用密目式安全立网或工具式栏板封闭,设置挡脚板
3	非竖向洞口短边边长为25~500mm	采用承载力满足使用要求的盖板覆盖,盖板四周搁置应均衡,且应防止盖板移位
4	非竖向洞口短边边长为500~1500mm	采用盖板覆盖或防护栏杆等措施,并应固定牢固
5	非竖向洞口短边边长≥1500mm	在洞口作业侧设置高度不小于1.2m的防护栏杆,洞口采用安全平网封闭

(11)使用高空作业车进行横梁湿接缝钢筋安装、模板安拆等作业时,应在作业区域设置安全警示围栏和标志。

(12)梁间接缝施工期间,桥下严禁人员及机械设备停留或通过,确需通过的应在桥下增设防护棚架(图15-35)。施工影响范围内,在既有线路的两侧搭设临时支墩,支墩顶部设纵、横梁,并在纵、横梁上铺设木板、铁皮等安全防护措施。

(13)梁间接缝钢筋焊接工作量大,施焊前应先清除场地周围及下方的可燃、易燃物品,并在焊点下方设接火斗,设置警戒,指定专人配备灭火器进行监护。

(14)多台焊机在一起集中施焊时,焊接平台或焊件必须接地,并有隔光板,见图15-36。

图15-35　防护棚架

图15-36　焊接隔光措施

(15)翼板湿接缝模板采用手摇卷筒吊装法安装模板前应认真检查,确保钢丝绳、吊具完好。

(16)防撞墙"移动工作架"严禁超载作业,操作平台上的人员和材料对称分布,不得集中一头,移动过程中不允许载人和载物,严禁在"移动工作架"上另设吊具。

(17)负弯矩张拉区域设置明显的警示标志,禁止非工作人员进入。张拉应设置张拉专用工作平台,平台应有防护屏障。

(18)桥面系施工所用机械设备、材料应存放整齐,保持作业面整洁通畅。施工所用的钢筋、模板以及其他零配件等均不得堆放在桥面边缘,防止坠落。

(19)防撞墙施工过程中,桥梁下方有人、车通过时,桥下应设警戒区,在适当位置设置"施工重地,闲人免进""当心落物"等警告标志,施工时设专人监护。见图15-37。

(20)桥面伸缩缝安装应分左、右幅交替封闭交通施工,需设置安全警示及交通指引标志,并派专人负责交通管制,夜间应设置反光标识牌。

(21)桥面清扫垃圾、冲洗弃渣等应集中收集后运往指定地点,不得直接抛往桥下。

(22)单柱墩桥梁防撞护栏应两侧对称施工,以防失稳。

(23)在桥面铺装面层施工前须临时通车的,伸缩缝位置应采用钢板覆盖或封闭等措施,并应在开槽处设置警示标志。

(24)伸缩缝施工过程中,应有已施工完成路面的保护措施,避免路面的污染、破坏,见图15-38。

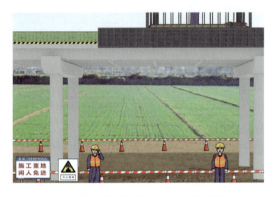
图15-37 桥面系施工桥下安全警戒图

图15-38 伸缩缝施工两侧成品保护

参 考 文 献

[1] 中华人民共和国国家标准.GB 50300—2013 建筑工程施工质量验收统一标准[S].北京:中国建筑工业出版社,2013.
[2] 中华人民共和国国家标准.GB 50202—2011 建筑地基基础施工质量验收规范[S].北京:中国计划出版社,2011.
[3] 中华人民共和国国家标准.GB 50204—2015 混凝土结构工程施工质量验收规范[S].北京:中国建筑工业出版社,2016.
[4] 中华人民共和国国家标准.GB 50666—2011 混凝土结构工程施工规范[S].北京:中国标准出版社,2011.
[5] 中华人民共和国国家标准.GB 50496—2009 大体积混凝土施工规范[S].北京:中国计划出版社,2009.
[6] 中华人民共和国国家标准.GB 50194—2014 建设工程施工现场供用电安全规范[S].北京:中国计划出版社,2014.
[7] 中华人民共和国国家标准.GB 50720—2011 建设工程施工现场消防安全技术规范[S].北京:中国计划出版社,2011.
[8] 中华人民共和国国家标准.GB 50205—2001 钢结构工程施工质量验收规范[S].北京:中国标准出版社,2001.
[9] 中华人民共和国国家标准.GB 26469—2011 架桥机安全规程[S].北京:中国标准出版社,2011.
[10] 中华人民共和国国家标准.GB/T 26470—2011 架桥机通用技术条件[S].北京:中国标准出版社,2012.
[11] 中华人民共和国国家标准.GB 5082—1985 起重吊运指挥信号[S].北京:中国标准出版社,1985.
[12] 中华人民共和国国家标准.GB/T 3811—2008 起重机设计规范[S].北京:中国标准出版社,2008.
[13] 中华人民共和国国家标准.GB/T 17640—2008 土工合成材料 长丝机织土工布[S].北京:中国标准出版社,2008.
[14] 中华人民共和国国家标准.GB/T 50290—2014 土工合成材料应用技术规范[S].北京:中国计划出版社,2014.
[15] 中华人民共和国国家标准.GB 50330—2013 建筑边坡工程技术规范[S].北京:中国建筑工业出版社,2014.
[16] 中华人民共和国行业标准.JGJ 80—2016 建筑施工高处作业安全技术规范[S].北京:中国建筑工业出版社,2016.
[17] 中华人民共和国行业标准.JGJ 106—2014 建筑基桩检测技术规范[S].北京:中国建筑工业出版社,2014.
[18] 中华人民共和国行业标准.JGJ 18—2012 钢筋焊接及验收规程[S].北京:中国建筑工

业出版社,2012.

[19] 中华人民共和国行业标准.JGJ 33—2012 建筑机械使用安全技术规程[S].北京:中国建筑工业出版社,2012.

[20] 中华人民共和国行业标准.JGJ 46—2005 施工现场临时用电安全技术规范[S].北京:中国建筑工业出版社,2005.

[21] 中华人民共和国行业标准.JGJ 59—2011 建筑施工安全检查标准[S].北京:中国建筑工业出版社,2011.

[22] 中华人民共和国行业标准.JGJ 82—2011 钢结构高强度螺栓连接技术规程[S].北京:中国建筑工业出版社,2011.

[23] 中华人民共和国行业标准.JGJ 184—2009 建筑施工作业劳动保护用品配备及使用标准[S].北京:中国建筑工业出版社,2009.

[24] 中华人民共和国行业标准.JGJ 94—2008 建筑桩基技术规范[S].北京:中国建筑工业出版社,2008.

[25] 中华人民共和国行业标准.JGJ/T 194—2009 钢管满堂支架预压技术规程[S].北京:中国建筑工业出版社,2009.

[26] 中华人民共和国行业标准.JGJ 266—2011 市政架桥机安全使用技术规程[S].北京:中国建筑工业出版社,2011.

[27] 中华人民共和国行业推荐性标准.JTG/T F30—2014 公路水泥混凝土路面施工技术细则[S].北京:人民交通出版社,2014.

[28] 中华人民共和国行业标准.JTG F40—2004 公路沥青路面施工技术规范[S].北京:人民交通出版社,2004.

[29] 中华人民共和国行业标准.JTG/T F50—2011 公路桥涵施工技术规范[S].北京:人民交通出版社,2011.

[30] 中华人民共和国行业标准.JTG F90—2015 公路工程施工安全技术规范[S].北京:人民交通出版社,2015.

[31] 中华人民共和国行业标准.JTJ 002—1987 公路工程名词术语[S].北京:人民交通出版社,1987.

[32] 中华人民共和国行业标准.GJ 276—2012 建筑施工起重吊装安全技术规范[S].北京:中国建筑工业出版社,2012.

[33] 中华人民共和国行业标准.CJJ 139—2010 城市桥梁桥面防水工程技术规程[S].北京:中国建筑工业出版社,2010.

[34] 中华人民共和国行业标准.TB 10303—2009 铁路桥涵工程施工安全技术规程[S].北京:中国铁道出版社,2009.

[35] 铁路工程施工技术指南.TZ 324—2010 铁路预应力混凝土连续梁(刚构)悬臂浇筑施工技术指南[S].北京:中国铁道出版社,2010.

[36] 中国铁路总公司.铁路混凝土现浇梁施工技术规程(征求意见稿)[Z].北京:中国铁路总公司.

[37] 中交第一公路工程局有限公司.公路工程施工工艺标准(桥涵)[M].北京:人民交通出

版社,2007.
[38] 广东省交通运输厅.广东省高速公路工程施工安全标准化指南 第一册 管理行为[M].北京:人民交通出版社股份有限公司,2017.
[39] 广东省交通运输厅.广东省高速公路工程施工安全标准化指南 第二册 安全技术[M].北京:人民交通出版社股份有限公司,2017.
[40] 中交第二公路工程局有限公司.公路桥梁施工系列手册 墩台与基础(上篇)[M].北京:人民交通出版社,2014.
[41] 中交第二公路工程局有限公司.公路桥梁施工系列手册 墩台与基础(下篇)[M].北京:人民交通出版社,2014.
[42] 中交第二公路工程局有限公司.公路桥梁施工系列手册梁桥[M].北京:人民交通出版社,2014.
[43] 陈宝璠.桥梁工程施工质量控制手册[M].北京:中国电力出版社,2010.
[44] 张省侠,张鹏.桥涵工程技术[M].北京:人民交通出版社,2014.
[45] 段军朝.桥梁桩基与基础施工工艺简明手册[M].北京:人民建筑工业出版社,2015.
[46] 朱峰.公路工程施工[M].北京:机械工业出版社,2010.
[47] 王海良,董鹏,胡汉舟.桥梁工程施工技术[M].北京:人民交通出版社,2013.
[48] 姚玲森.桥梁工程[M].北京:人民交通出版社,2008.
[49] 陈从春.桥梁施工技术与安全[M].北京:人民建筑工业出版社,2012.
[50] 胡汉舟,季跃华,潘东发.桥梁施工安全质量风险防控指南[M].北京:中国铁道出版社,2014.